BELIEF

未来をかけた戦い

幸福を実現するために

幸福実現党党首
釈量子 著
RYOKO SHAKU

※文中、特に著者名を明記していない書籍は原則、大川隆法著のものです。

まえがき

本書は、立党から十年を迎える今、改めて「幸福実現党とはどのような政党か」をご理解いただくべく、非才の身ながら筆を執《と》らせていただいたものです。

第一部「なぜ宗教政党が必要なのか」は、世界では当たり前に存在する「宗教政党」に対して、日本で多く寄せられるお声――もちろんそこには興味もあれば誤解もあると思われます――に、真正面から答えることを意図したものです。逃げも隠れもしない、いわば〝宗教政党〟宣言です。

第二部「正論を貫く」は、私が2013年8月の党首就任後にスタートした新聞の連載コラム（フジサンケイビジネスアイ「太陽の昇る国へ」および夕刊フジ「いざ！　幸福維新」）をまとめたものです。政策テーマごとの抄録ですが、原則、時系列以外は手を加えず、現時点の思うことや補足を【追記】として添えました。そのため、立党時から現在までブレることのない政策の一貫性と先見性が、お分かりいただけるものと思います。

「幸福実現党」はその名のとおり、すべての方々の「幸福の実現」を目指して戦いを続けてまいりましたが、他党との違いとして際立ってきたのが、「世直し政党」であるという側面です。

日本には、国民に正直に問わねばならないことを隠したまま選挙を行い、嘘やごまかしで票を取ろうとする政治文化が根深く存在します。マスコミ世論という〝空気の支配〟に抗える政党や政治家はなかなか存在しません。しかし幸福実現党には、あえてほかの政党が口にできないことを訴え、何が正しいのかを正々堂々言わねばならぬという強い使命感があります。ある意味で〝ロック〟な政党なのです。

そして、幸福実現党が発信したことは、その時は世論に逆行するかのように見えたとしても、数年後に現実の政治に反映されるということが数多くありました。

いくつかまとめてみます。

〈外交・防衛〉

●2009年衆院選で、北朝鮮・中国の軍事的脅威に警鐘を鳴らす。

↓北朝鮮の核ミサイル危機や中国の海洋侵出など脅威が現実化し、危機意識・国防意識が高まるとともに、防衛装備の強化や憲法改正の議論が進む。

●2009年衆院選で、日米同盟を基軸としつつもロシア・インド・オーストラリアとの関係強化を提言。2014年衆院選で「日露平和条約」締結を公約に。

↓第二次安倍政権発足以降、日露平和条約の締結交渉が始まる。外交・安全保障戦略の要として、日米豪印の「ダイヤモンド構想」が安倍首相から打ち出される。

●2009年衆院選以来、日本経済の生命線のシーレーン防衛と、南西諸島の国防の強化を訴える。原子力潜水艦の保有やヘリ空母の甲板の改修などを提言。
↓2010年以降、防衛計画の大綱《たいこう》が3度改定され、与那国島に自衛隊部隊が配備され、宮古島では駐屯地を整備中、石垣島でも計画が進む。いずも型護衛艦の事実上の「空母化」が決定される。
●2009年衆院選で「集団的自衛権行使を禁止する政府解釈の見直し」を主張。
↓2015年9月に「安保関連法」が改正され、集団的自衛権の行使が可能となる。
●2010年参院選で「米軍普天間基地の日米合意どおりの移転」を主張。
↓2013年12月、沖縄の仲井眞弘多《なかいまひろかず》知事が埋め立て申請を承認。

〔経済〕

●2009年の衆院選で「①金融緩和②インフラ整備・大規模投資③減税と規制緩

和」を提言。「年率3％成長と株価2万円台回復」を主張。
↓2012年12月、安倍政権が「金融緩和」「財政出動」「成長戦略」のアベノミクスを発表し、「異次元緩和」「国土強靭化」が進む。2018年10月には日経平均株価2万4448円を記録（2014年の消費増税により、3％の経済成長は達成できず）。
●2009年衆院選から一貫して、「消費増税反対」を訴え、全国的な署名活動を展開。
↓消費増税への反対世論が高まり、2014年11月に増税延期となり、2016年6月には再延期される。

〈エネルギー政策〉

●2011年3月の東日本大震災直後、大川隆法総裁は「原発を手放してはならない」と発信し、幸福実現党は2012年の衆院選で「原発の早期再稼働」を主張。
↓2013年5月、安倍首相が原発再稼働の方針。2015年8月、鹿児島・川《せん》内《だい》原発が再稼働。

〔歴史認識〕

●2013年に、安倍総理参考として「大川談話」を発表し、「日本の誇りを取り戻す」キャンペーンをスタート。「中国による『南京大虐殺』『従軍慰安婦』のユネスコ記憶遺産への申請に抗議し、日本政府に万全の措置を求める署名」活動を行い、フランスのユネスコ本部には反論の文書と資料を提出するなど、登録阻止に向けて活動（2015年）。国連女子差別撤廃委員会（2016年）に参加。世界各地で進む「慰安婦像建設」には各国の党員が反対運動を継続中。
↓2016年に国連の女子差別撤廃委員会で、杉山晋輔外務審議官が、慰安婦問題に関して「軍や官憲によるいわゆる強制連行を確認できるものはなかった」と発言。見直しが進む。

〔教育〕

●2009年衆院選で、「ゆとり教育の全面廃止」を主張。
↓2013年4月、学力テストが全員参加方式に。
●2009年衆院選で、2012年衆院選で、いじめ防止法を提案。
↓2013年6月、いじめ防止対策推進法が成立。

このように、幸福実現党の活動は具体的に日本を大きく動かしてきました。もっとも、2009年の立党そのものが、民主党政権の誕生を阻止するためのものでしたが、もし民主党政権が継続していたならば、かつての中華帝国に対する「朝貢外交」よろしく、日本で首相が変わるたびに「北京詣で」を行っていたことでしょう。最近の安倍政権の「媚中」路線も懸念の一つですが、日本の与党・自民党が、世論におもねり、連立政党にも遠慮して逃げ腰になる中、先んじて国益のために声を上げてきたことに関しては、フェアな目でご判断いただければありがたく思います。

いよいよ、日本と世界は正念場を迎えます。

自由を抑圧し、軍事的覇権拡大を目指す全体主義国家が、恐怖によって世界を支配するのをただ甘受するのか。それとも「自由・民主・信仰」の価値観のもと、中国14億人を含む、世界の人々の幸福を守り抜くのか——。

いま、まさに「未来をかけた戦い」の時です。

本書が、お一人でも多くの方に「幸福実現党」をご理解いただき、この国や世界のため、未来のために何をなすべきかを考える一助となれば幸いです。

2019年3月5日　幸福実現党　党首　釈量子

目次

第二部　正論を貫く

第一部

なぜ宗教政党が必要なのか

1. すべての人を救うために

『幸福実現党の目指すもの』

この国の政治に一本、精神的主柱を立てたい。
これが私のかねてからの願いである。
精神的主柱がなければ、国家は漂流し、
無告の民は、不幸のどん底へと突き落とされる。
この国の国民の未来を照らす光となりたい。
暗黒の夜に、不安におののいている世界の人々への、灯台の光となりたい。
国を豊かにし、邪悪なるものに負けない、
不滅の正義をうち立てたい。
人々を真なる幸福の実現へと導いていきたい。
この国に生まれ、この時代に生まれてよかったと、
人々が心の底から喜べるような世界を創りたい。
ユートピア創りの戦いは、まだ始まったばかりである。
しかし、この戦いに終わりはない。
果てしない未来へ、はるかなる無限遠点を目指して、
私たちの戦いは続いていくだろう。

二〇〇九年六月三十日　　幸福実現党創立者　大川隆法

「無告の民」であふれる日本

「幸福実現党の目指すもの」は、幸福実現党の結成に際して、創立者の大川隆法・幸福実現党総裁から語られた立党の理念です。どの政党も、理念や綱領、政策大綱《たいこう》を掲げて国民の信を集めていますが、幸福実現党は、はじめに日本に精神的主柱を立て、リーダー国家として、国内外の幸福の実現に力を尽くすことをうたっています。

このような党の精神のもと、安易なポピュリズムに陥ることなく、日本と世界の灯台の光とならんというのが幸福実現党の志です。

今年、立党から十年が経ちます。

幸福維新、未だし。

忸怩《じくじ》たる思いで日本を見渡せば、「幸福実現党の目指すもの」にある「無告の民」

という言葉が、日本人と重なって見えてくるではありませんか。「無告の民」とは、中国古典の『書経』「大禹謨《だいうぼ》」にある言葉で、「苦しみを訴えるあてがない人々」という意味です。

「無告を虐げず、困窮を廢《はい》せざるは、惟《こ》れ帝時《こ》れ克《よ》くす」（訴えどころもない民を虐待することなく、困窮している者を見捨てることをしない。こういうことは、伝説の王である帝堯《ていぎょう》なればこそよくできることなのだ）

実際、日本はあてどなく漂流し、無明《むみょう》の闇の中にあります。

近年、全国で災害が多発し、「国難」の中、国民の涙が乾く暇もありませんでした。しかも、悲しみと無力感に打ちひしがれた国民に、復興を名目に〝増税〟を押しつけるとは。民の苦しみに心を寄せ、税を免除した仁徳天皇の「かまどの煙」にならえば、なすべきは〝復興減税〟でしょう。政治のあり方そのものが狂ってきているように思えてなりません。

官僚権力の腐敗も日を覆うばかりです。最近でも、財務省の文書改竄《かいざん》や文部科学省の許認可権限を利用した汚職や天下り問題、さらには、厚生労働省の不正統計など、国民から信頼されることを至上命題とすべき行政機関で、信じがたい不祥事が続きました。

経済では、先進国で唯一成長しないまま30年以上経過するという異常事態です。「増税反対」の声は、与野党の三党合意による「税と社会保障の一体改革」以降、行き場がありません。「年金」を人質にされた国民は、際限なく上がる消費税を我慢するしかないと信じ込まされています。

「賃金は上げろと言われ、残業はするなと言われる。最低賃金も上がり、人も雇えない。どうしろというのか」

中小企業からはいよいよ断末魔の叫びが聞こえ始めています。マスコミが煽ってできた「働き方改革」の不条理も日を追って明らかになるでしょう。

隣国の軍事的脅威にも、なすすべがありません。北朝鮮のミサイルが連日のように発射されていた頃、「政治家は何をしてるんだ！　憲法を守るのも大事だけど、まず国民を守れって話じゃないですか！」と民放番組に出演したタレントが声を荒げたことがありましたが、国民の声の代弁でしょう。

日本に住む外国人も絶望しています。関西在住のウイグル人の女性は、昨年、父親がウルムチの強制収容所に連れて行かれました。生きているのか死んでいるのかも分かりません。そして彼女自身もビザの期限が迫ってきました。帰国すれば、他のウイグル人同様、到着した飛行場で即刻収監される恐れがあります。職場や行政に助けを求めましたが、「強制収容所などあるわけがない」と信じてもらえず、困り果てたあげく、トルコに亡命しました。日本は何もしてくれないからです。

これは個人の努力ではどうにもならない政治の問題です。ならば、変えなくてはなりません。「無告の民」が苦しむのを、座して見ているわけにはいきません。

今こそ、「新しい選択」が必要です。日本中に無力感や諦めが広がる中、訴えるあてのない政治を変えるためには、与党でも野党でもない新しい受け皿が必要です。このように、私たちの挑戦はひたすらに国民の声なき声を聴き、人々の心に寄り添う政治を実現せんとの思いで続けられてきました。

人々の幸福のためならば命を懸ける

（筆者注：幸福実現党の活動の中には）ある意味での「自己犠牲」も入っていることを、どうか理解していただきたいと思います。

それは、週刊誌レベルでは決して理解できないものだろうと思いますが、私たち宗教者《じゃ》には、「人々の幸福のためならば、命を投げ捨てる」という覚悟が、いつもできています。そういうつもりでやっているのです。

『大川隆法政治講演集2009第5巻 批判に屈しない心』より

政治が悪いなら、「選挙」で変えればいいのです。政治参加の自由が認められる民主主義の国なのですから、主権者である国民が一票を投じて、自分たちの手で政治をつくり変えることは可能なはずです。

ところが、実際に挑戦を続けてみると、日本においては、政治の世界に新しい風を吹かせることが、極めて難しい仕組みになっていることが分かりました。

一つは「小選挙区制」です。

1994年に公職選挙法が改正され、衆議院の選挙制度は、それまでの「中選挙区制」から「小選挙区比例代表並立制」に変更されました。

小選挙区制では当選が一人しか出ないため、二番目や三番目の候補者の票はすべて死に票になってしまいます。2017年の自民党の小選挙区の得票率は48%ですが、議席の占有率は78％。いわゆる「総取り型」となり、多様な声を反映することが難しくなってきました。選出された代議士たちからは、中選挙区制の時より幅広い利益団体におもねらないといけないため、個人の政治信条を貫くことが難しくなり、マスコミ世論を意識せざるを得なくなっているという声も上がっています。

さらに、「政党要件」です。

「政党要件」を得るには、「公職選挙法」「政治資金規正法」「政党助成法」の三つの法律ごとに違いはありますが、次のどちらかを満たす必要があります。

（1）国会議員5人以上を有する政治団体

（2）国会議員を有し、かつ、前回の衆議院議員総選挙の小選挙区選挙若しくは比例代表選挙又は前回若しくは前々回の参議院議員通常選挙の選挙区選挙若しくは比例代表選挙で得票率が2％以上の政治団体

「政党要件」を満たせば、国から「政党交付金」による助成が行われ、税金をもらって選挙ができます。ところが、新しい団体は、すべて自前で資金を集めての選挙戦となります。

出馬の際の「供託金」は、海外の多くは減額ないし廃止の方向に向かう中、日本では選挙区においては３００万円、比例代表では６００万円もかかります。ちなみに、米国、フランス、ドイツ、イタリアには供託金制度はありません。

「政党要件」がない政党の衆院選小選挙区の候補者は、比例代表の重複立候補ができません。政党要件があると、「政見放送」ができ、選挙カーの台数やポスターやビラの枚数などでも優遇されます。

「報道での黙殺」も障害となっています。例えば私も党首討論会には呼ばれたことがありませんし、選挙区でもわが党の候補一人だけが「黙殺」されることがありました。何度も問い合わせや抗議をしてきましたが、「政党要件を満たしていませんから」の一点張り。放送時間や紙幅に制限があるとはいえ、テレビや新聞、主要ネットメディアの報道から主な選挙情報を得ている人がほとんどですので、「黙殺」されれば存在しないのと一緒です。

また、既存の政党の内部でも、言論の自由と提言の多様性が徐々になくなってきました。小選挙区制では選挙区の候補者は一人に絞り込まなくてはならず、公認権を握る党執行部に逆らうことができないのです。

これは、世襲政治家が増える原因にもなっていると思います。選挙区で一人の候補者に絞るとなると、候補者選定は以前より難しくなってきます。公募で数十人の応募者があったとしても、声の大きい現職議員が自身の子弟をねじ込んだり、世襲でないと選挙区内が納得しにくいというケースもあるようです。根強い世襲批判の中でも、2017年10月の衆議院選挙で、小選挙区で当選した自民党議員の33%が世襲政治家、閣僚の半分も世襲です。「地盤、看板、カバン」を引きつぐ封建制さながらの政治が続いています。

こうして〝永田町の政治〟は国民から浮き上がり、選挙の「投票率」も下がる一方です。

しかし、このような制度的な壁が立ちはだかろうとも、その困難は承知の上で、私たちは今日も戦いを続けます。

なぜなら、「政治」を変えなければ、絶対に未来は開けないことを知っているからです。

「諦めた方がいい」という声もあります。しかし諦めればそれこそ、仏陀が大悟される前に立ち現れたあの悪魔の誘惑と同じく、その時代の「常識」に敗れるという、ただそれだけのことになってしまいます。

この時代に生まれた日本人として、戦後失われた誇りを取り戻せないまま人生を終わりになんてできましょうか。世界に横たわる不条理を見て、ただ座していられましょうか。

「そんなの死んでも嫌だ！」と腹の底から声が響いてきます。「すべての人を幸福にする」ための政治は、今でなければ二度と実現できないのです。今やらねばいつできるのか。私たちがやらなければ、一体誰がやるのか。

今こそ、命を懸ける時です。

2.「戦後体制」を終わらせる

宗教政党だからできること

正しいことが世の中に行われるようにし、世の中が腐敗したり矛盾していたり、人々が苦しんでいたりしたら、それを助けるのが「宗教の使命」です。それが、あるときには、姿を変えて、政治の方面に出ることもあるかもしれません。しかし、心は一つです。「世直し」であり、「人々を救う」ということです。

『大川隆法政治講演集２００９第５巻　批判に屈しない心』より

「宗教と政治は明確に分離した方がいい」「宗教が母体であることを前面に出さな

い方がいい」というアドバイスを、今まで何回もいただいてきました。宗教にマイナスイメージのある日本では、「宗教政党」を標榜することを、損得で考えれば有利ではないことも承知しています。最も大きな壁は、やはり「宗教」に対する偏見です。

しかし、その偏見の根っこにある「政教分離」（憲法20条1項但書き）の規定は、元々は日本の政治を弱体化させるために「GHQ（連合国軍最高司令官総司令部）」が押しつけたものと言われています。戦時国際法である「ハーグ陸戦条約」43条において、占領下に恒久憲法を創ってはならない、という規定があるにもかかわらず、1945年8月の敗戦後、GHQは、日本の憲法改正に対して細かいところまで修正要求をしてきました。「政教分離」はそういう流れの中で挿入されたものなのです。

それに、「宗教はアヘン」という共産主義によく見られる唯物論的な刷り込みも加わり、「宗教は政治にかかわってはいけない」という強い偏見が根づいてしまっています。創価学会を支持母体とする公明党が表では「宗教政党である」と言わないのも、日本神道の祭祀を司る皇室の宗教性が否定され、国家と国民の安寧と繁栄を祈る「宮中祭祀」を「天皇の私的行為」と位置づけざるを得ないのも、そのためです。

私たちが「宗教政党」であることを隠さず立候補する理由は、これも含めて「戦後体制の見直し」を目指しているからです。日本の近代政治史の中で、今まで本格的な宗教政党が登場しなかったため、幸福実現党に対して一種の驚きと戸惑いもあるでしょう。ただ、日本は、中国や北朝鮮のように、宗教と政治のかかわりを完全否定する国であってはならないという決意もあります。

戦後の危機の本質は「憲法9条教」

現行の憲法の狙いは、GHQによる日本の弱体化にあったと述べましたが、最も大きな議論を呼んでいるのが、第9条「戦力の不保持」であることは周知の事実です。日本はGHQ・マッカーサーの強い要請により、かつての大英帝国、ソ連（ロシア）、フランスをアジアで唯一打ち破り、太平洋で米国軍と覇を競った日本軍を放棄しました。〝平和憲法〟が今の文言で施行されたのは、1947年5月でした。

実は、日本にも、切り替えるチャンスはありました。

1950年に朝鮮戦争が始まった際、マッカーサーは再軍備を要求してきたのです。警察予備隊や保安隊、自衛隊が組織されましたが、吉田茂首相は、頑《かたく》なに「戦力不保持」を主張し、自分の国を自分で守ることもできない「半主権国家」に据え置いてしまったのです。大川隆法総裁は、今も根づく「吉田ドクトリン」の危うさを指摘されています。

要するに、反骨精神で何でも反対したがる吉田茂の性格、彼の家系を出した高知では「いごっそう」といわれる性格が、このような状況を招いたわけです。

戦後、マッカーサーから押しつけられた憲法を護り続け、その約五年後に「再軍備」を勧められたにもかかわらず、それをはねつけました。「はねつけることが独立だ」と思っていたようなところはあったのではないかと思います。

しかしながら、そのときに、「それが、一つの国としての自主権であり、独立国家としてのかたちをつくるためのチャンスである」ということを彼が見抜けなかったという不明のところが、その後、何十年も祟《たた》ることになるとは、おそらく、本人も思ってはいなかったのではないでしょうか。

『国家繁栄の条件』より

国家のかじ取りをなす政治家が、その個人的な考え方や信条で国家主権を棄《す》てるような行為は許されなかったのです。

米軍を「番犬」代わりに軍事を委ね、憲法9条さえ守れば平和なのだという「吉田ドクトリン」の呪縛が、今の日本を危機に陥れています。「憲法9条」をお題目にした〝憲法9条の守護神〟吉田茂の毒水が日本人を汚染しています。

国の危機を救うためには、「戦後体制」を終わらせねばなりません。これは思想戦です。精神的植民地状態の日本を国家たらしめるには、精神的な力が必要です。「戦後体制を終わらせる」ためにも、この国に一本の「精神的主柱」を立てなくてはなりません。

精神的主柱を立てたい

日本の精神的な柱とは何だったのでしょうか。

天照大神《あまてらすおおみかみ》を主宰神とする日本は、神武天皇を初代とする天皇が、代々、神道の祭祀の長を務めてきました。ところが神道には教えがありません。その足りない部分を補ったのが仏教です。聖徳太子は、中国や朝鮮半島を経由して渡来した仏教を先進的思想として受け入れることで、新国家の経営理念を打ち立てたのです。奈良時代の聖武《しょうむ》天皇は、光明皇后《こうみょうこうごう》とともに大仏を建立して鎮護国家を祈りました。かつて日本は、「神仏習合」の国となった時、精神的主柱が一本ビシっと立ったのです。明治の時代においても、教育勅語などが精神的な柱となりました。ただ、「廃仏棄釈」は日本の国柄に亀裂を入れた大失敗でした。

そして、敗戦によって、日本は誇りを奪われ、精神的な主柱はへし折られました。

その精神を今こそ取り戻さなくてはなりません。日本は、世界一寛容な精神大国です。世界で信仰されてきた仏教、キリスト教、イスラム教などの中にある大事なものを学びつつ、日本に古来続く神道や文化伝統を未来に遺すべく守っていきたいのです。

さらに、宇宙時代に向かうこの人類の未来を拓くために、宇宙的、全世界的な仏法真理を原点とした政治の実現を目指そうとしているのです。

3. 宗教は人権を守る最後の砦

人権のために行動する幸福実現党

われら日本国国民は、神仏の心を心とし、日本と地球すべての平和と発展・繁栄を目指し、神の子、仏の子としての本質を人間の尊厳の根拠と定め、ここに新・日本国憲法を制定する。

『新・日本国憲法 試案』より

幸福実現党の「新・日本国憲法 試案」前文には、神の子・仏の子としての人権が宣言されています。これが、人間の尊厳の根拠です。一方、現行憲法の「基本的人権」には「人はなぜ尊いのか」という人権の根拠が書かれていません。そのため、日本の人権思想は非常に底が浅いものとなっています。「一国平和主義」のような独善性は国際社会で軽蔑されます。また「ヘイトスピーチ」のような人種差別も恥ずべきものです。生まれた国や人種、肌の色、民族の違いを超えて、お互いに神の子・仏の子としての尊厳を認め合う――。それが世界平和の実現に向けた第一歩だと思います。

米国の独立宣言では、キリスト教の精神に則り「All men are created equal.（すべての人間は平等に創られている）」と記されています。私たちは、神道や仏教、キリスト教やイスラム教の共通項をとるかたちで人権の根拠を示そうと試みています。

また、宗教政党は、「人権」を守る砦です。他国で圧政下にある人々に手を差し伸べ、世界で正義の柱を立てるためにも、神につながる人権思想を持つ必要があるのです。

特に、無神論・唯物論国家である中国の人権状況の劣化は、看過《かんか》できません。

私と及川幸久党外務局長は2018年、国連人権理事会が加盟国の人権状況を審査するUPR（普遍的定期的レビュー）「中国」NGO事前セッションに、日本人で唯一、参加しました。人権問題に取り組む党の外郭団体「幸福実現研究所」の一員としてです。

ウイグル自治区で数百万におよぶ人々がナチス型の強制収容所で弾圧されている実態やチベットの悲惨な人権状況、香港での自由の制限など、中国の苛烈な人権弾圧に世界各国のNGOから非難が巻き起こりました。

ところがその場に中国の代表は出席していません。馬耳東風《ばじとうふう》なのです。

そもそも中国の憲法に「人権」という言葉が入ったのはつい最近のことです。2004年の憲法改正でやっと「国は人権を尊重し、保障する」という文言が書き込まれました。「人権入憲」と喧伝されたこの改憲の背景にあったのは、1989年の六四天安門事件です。民主化を求めた自国の若者を、人民解放軍の戦車が轢《ひ》き殺したことで、中国は国際社会から孤立し、経済制裁まで科せられました。そこで、「人権」を国際社会への宣伝に使ったのです。

さらに最近では、ウイグル弾圧で世界から非難を浴びたことで、中国は「人権の概念」の書き換えを始めています。「人権の発展に各国共通の道筋はない。中国では習近平《しゅうきんぺい》主席の社会主義に基づく指導のもと、その特色に合わせて人権を促進している」という奇妙な理論ですが、要は、習近平主席の言うことを聴かない人間には人権はないということです。

このように人間の尊厳を認めず、あたかも神に成り代わろうとする独裁者の国が、国連人権理事会の理事国なのですから、国連は欺瞞《ぎまん》に満ちています。2018年6月、米国は国連人権理事会から離脱を表明し、ポンペオ国務長官は「最も深刻な人権侵害国が理事国になっている」と中国を批判しました。日本には国連が国際社会を代表する組織かのような〝神話〟や〝錯覚〟がありますが、そもそも戦後70年以上経っても日本に対して「敵国条項」が遺る戦勝国体制にすぎないことを自覚しなくてはなりません。

習近平政権の進める「宗教の中国化」とは

宗教は、特に本物の宗教は、常に、この世の価値観とは違う神の教えが降ってくる。目に見えぬ権威が臨在して、地上の権力を相対化し続ける。だから、全体主義国家は、宗教の起こす革命を怖れる。

『毛沢東の霊言』あとがきより

善良な為政者は古今東西、神仏の前では謙虚で、国民の声に耳を傾けますが、その逆に、悪政を敷く独裁者は、必ずと言っていいほど、社会変革・啓蒙の担い手ともなる宗教を意のままにしようと介入し、言うことを聞かなければ弾圧しようとします。中国共産党政権は、権力を相対化する働きを持つ宗教を警戒し、着実に支配を強めています。

2018年9月、カトリックの総本山バチカンが、ついに中国共産党に司教の任命権を委ねることで妥協しました。事実上、共産党の管理下に入ったのです。1億人以上とも言われる中国人信徒の名簿が共産党に渡る危険性もあり、信者は当局の監視や弾圧の危機に直面しています。

中国の仏教界も骨抜きです。中国仏教協会会長の和尚《おしょう》（法師）は、一昨年、「習主席の権威を守り、党に従おう」と語り、習近平主席の「政治報告」を3回も写経し、全国の僧侶に向けて「政治報告の写経」を呼びかけたと言われています。

チベット仏教も風前の灯です。ダライ・ラマ14世が認めた序列第2位の高僧パンチェン・ラマ11世が中国当局によって拘束され、今もなお行方不明です。当局の選んだパンチェン・ラマ11世は存在しますが、ダライ・ラマ14世が亡くなればそれまでの宗教的系譜は断ち切られ、実質上チベット仏教は終焉《しゅうえん》を迎える可能性が高いと言えます。

習近平体制は「宗教の中国化」を進めていますが、宗教は、共産党へ服従することで、徐々に死滅の道を辿ることになります。

「反毛沢東革命」を怖れる中国

中国の新宗教の人権状況はさらに過酷で、当局による扱いは犯罪者と一緒です。しかし、共産党政権に対する断乎《だんこ》とした姿勢を取るところもあります。

「法輪功」は、李洪志《りこうし》を創始者とする気功団体で、90年代に急成長し、共産党員の7000万人を超えて会員が1億人にまで膨れ上がった段階で、当局から弾圧を受けるようになりました。その結果、法輪功学習者の「臓器」が違法に収奪されていることが日本でも知られるようになりました。

全能神教会というキリスト教系の新宗教は、もともと、「東方閃電《とうほうせんでん》」と呼ばれていた団体です。聖書の「マタイによる福音書」にある「いなずまが東から西にひらめき渡るように、人の子も現れるであろう」というイエスの言葉に由来します。東の国・中国でイエス・キリストが全能神として戻ってくるという教えだと言われます。中国共産党のことを「赤龍」（悪魔）と断言して中国で迫害を受け、指導者は米国に政治亡命しました。

「自由・民主・信仰」を国家の理念に

大きな国であっても、「自由」「民主」「信仰」の三つが入っていない国家があるはずです。そういうところは、独裁主義の専制国家になっており、たいていの場合、覇権主義を求めているでしょう。

ですから、この世の政治・経済的な意味においては、「自由」「民主」「信仰」の三つを浸透させるべく、地上的な活動を続けていくことが大事です。

『青銅の法』より

今、世界は価値観の大きな潮流がぶつかっています。

一つは、北朝鮮や中国のような、報道の自由もなく、言論の自由もない全体主義国家です。自由が著《いちじる》しく制約された人民が、恐怖による支配の中で呻吟《しんぎん》しています。

これに対して、日本や米国を基調とした「自由で民主主義」的な国家体制が、世界のリーダーとして地球的正義を牽引《けんいん》していけるかどうかが問われているのです。人類はどちらかを選ぶのか、その選択の時が来ています。それは、未来を賭けた選択です。

「自由」「民主」「信仰」で、最も大切なのは「信仰」です。「神を信じる」という内心の自由が認められなければ、言論や出版の自由、政治的な自由などあってなきが如しだからです。また、「信仰」なくして「民主主義」もありません。「信仰」は「民主主義」の良心的な歯止めでもあります。ヒトラーは国民の多数に「民主主義的」に選ばれましたし、今の中国も、選挙や議会を通している点では、一応「民主主義」のかたちを取っています。神なき民主主義には、「何が善で何が悪か」という「正義」が絶対に立ち上がらないのです。

現代の中国で、キリスト教の信仰が一般家庭を中心に、億の単位まで広がった背景には、格差社会の底辺部にある人々の間で「病気治し」のニーズがあるからですが、もう一つは「麻薬、ポルノ、賭博、暴力が深刻な問題となっており、ビデオゲームの誘惑も非常に強い」中で、どういう行動が正しいのか「子供に理解させるには、信仰に頼るしかない」という背景もあるようです（ロイター２０１７年12月24日付）。

これに対して、習近平政権下では、２０１８年2月、改定された「宗教事務条例」が施行され、キリスト教の日曜学校や聖書の販売、クリスマスの実施、子弟への信仰教育を禁止しました。善悪を分ける智慧ある国民が増えることは、習近平政権にとって実に都合の悪いことなのでしょう。

人間に本当の謙虚さを教えるのも、宗教しかありません。

権力者が、国民を弾圧したり、不幸にしたりするのをどう防ぐべきか。人類が問い続けて来た政治における重要な課題です。近代ではその答えの一つとして、三権分立や立憲主義、参加型民主主義などが生まれてきました。権力が一つに集中しないように分散したり、縛ったりする仕組みです。これも権力の暴走を防ぐための一つの知恵です。

そして宗教は、民主主義を守る最後の砦です。一部には、「宗教は考え方が全体主義的だから、民主主義に反する」という考えを持つ人もいます。確かに、共産主義の専制政治と同じく、イスラム教のような一神教で政治と宗教が一体化した国が、全体主義的で抑圧されているのは事実でしょう。

しかし、民主主義は多数の力を前提とし、民衆の心をつかんだ人が指導者として上がってくる制度ですので、ヒトラーのような人物が一つの価値観を国民全員に押しつけて、国家総動員的に動き始めると、全体主義になります。こうした絶対権力に対する最大の抑止力となり得るものこそ、宗教なのです。なぜならば、宗教は常に、政治の上位概念にあるものだからです。ヒトラー政権下で弾圧されているユダヤの人たちをかくまったのは、教会でした。

「信仰なき民主主義」は独裁者や世論の暴走に無力となることもあることは、20世紀の政治の教訓です。

すべての人の幸福のためには、「自由」「民主」「信仰」の三つが揃うような国を目指すべきでしょう。

4. 宗教は戦争をどう考えるのか

宗教は戦争の火種なのか

日本においては、「宗教が嫌い」という方の中に「宗教が絡むと戦争が起きる」と考えている方がたくさんいます。

確かに、宗教の歴史に壮絶な対立があったのは事実です。

スイスのジュネーブの「宗教改革記念館」を見学したことがありますが、入り口には活版印刷の模型とともに、各国語に訳された聖書が置いてありました。当時、聖書はラテン語で書かれていたため、聖職者を始めとするインテリ層しか読めなかったのですが、それを自国語で読めるようにして、誰もが神の言葉に直接触れることができるようになったのが宗教改革です。まさに革命的な出来事でした。

館内には、カルバンなど宗教改革を起こした人たちがプロパガンダとして用いた絵が展示されていました。天秤棒が描かれ、片方の秤《はかり》には牛や馬や藁《わら》が、もう片方には聖書が乗っていて、聖書の方に傾いています。「神の言葉がどれほど重いのか」を示していて、非常に説得力がありました。

ところが、まさに「聖書を読むか読まないか」で、血で血を洗うような凄まじい戦いが繰り広げられてしまったのです。展示物の中に、女性の髪の毛と置かれた

スイス・ジュネーブのバスティオン公園に建つ宗教改革記念碑の前で。

ミニチュアの聖書がありました。迫害を逃れた女性が、結った髪の中に隠せるようにしたものです。

17世紀のカトリックとプロテスタントの戦いは30年間も続き、人口が激減するほどの激しさだったと言われています。

宗教戦争の終結に伴って結ばれたウェストファリア条約は、世界で初めての近代的な国際条約と言われています。この条約によって、欧州において主権国家という概念が成立し、以降、政治と宗教の分離が少しずつ進められていくことになりました。それは際限のない戦争を防止し、国際社会の秩序を構築していく上で有効な手立てであったことは確かです。また、そうして近代社会が開かれていったことは、人類の科学文明の進歩を促す意味でも大きな意味があったと思います。何せ中世のカトリックでは、ガリレオが地動説を唱えただけで宗教裁判にかけて迫害していたくらいです。宗教のイノベーションは必要であったし、近代社会の扉は開かれるべきであったと思います。

ただ、それが宗教そのものを否定しているわけではありません。欧米における政教分離の原則は、あくまでも信仰の違いを政争の原因としないための知恵として打ち立てられたもので、「Separation of Church and State」、つまり政治と教会との分離であり、宗教そのものを排除するものではないのです。

政教分離は普遍の真理ではない

「政教分離」は、あくまでも少数者の宗教が弾圧されないための規定です。そのため、宗教が政治や社会に関与することを制限するような規定ではないことを、何度もお伝えしてきました。

もちろん、幸福実現党のように、宗教団体を母体とする政党を立ち上げてはいけないという規定もありません。

もし宗教が政治に参加してはならないのであれば、それこそ憲法が定めている「信教の自由」（憲法20条）「結社の自由」「言論、出版の自由」（憲法21条1項）に反していることになります。さらには、「法の下の平等」（憲法14条）に反することになるでしょう。

また、20条の「信教の自由は、何人に対してもこれを保障する」の後に、「いかなる宗教団体も、国から特権を受け、又は政治上の権力を行使してはならない」「国及びその機関は、宗教教育その他いかなる宗教的活動もしてはならない」とありますが、ここにある「政治上の権力」とは、憲法学上、「課税権」や「裁判権」など、国家が独占すべき統治的権力を意味しているとされています。

政府も「憲法の定める政教分離の原則は、憲法20条1項前段に規定する信教の自由の保障を実質的なものにするため、国その他の公の機関が、国権行使の場面において、宗教に介入し、または関与することを排除する趣旨である。それを超えて、宗教団体または宗教団体が事実上支配する団体が、政治活動をすることをも排除している趣旨であるとは考えていない」と答弁を重ねています。法的にも政治的にもすでに決着した問題と考えられます。

なお、「信教の自由」は、世界的に確立した普遍的な権利ですが、「政教分離」はそうではありません。世界には、イスラム諸国や、英国国教会のように、一つの宗教を国家の宗教とする「国教」を定めている国もあります。また、ドイツのように「公認宗教」を定めている国もあります。

国連で採択された「世界人権宣言」や「国際人権規約」においても、「信教の自由」は宣言されていますが、「政教分離」については触れられていません。

宗教戦争を防ぐのもまた宗教

「宗教が原因で、紛争が起きている。戦争が起きている」と言いますが、「宗教が原因で」と言われている宗教は、ほとんど「一神教」です。現在のイスラエルとアラブ民族の対立などがそれにあたります。

しかし、世界には様々な宗教があり民族ごとに信仰されていますが、日本には、本地垂迹説《ほんじすいじゃくせつ》があります。これは、宇宙の真理そのものの仏が、様々な神の姿をとって現れたとする考え方です。

キリスト教やイスラム教など、世界宗教の教えも、実際はその上位にある「地球神」のもとにあるといった地球レベルの仏法真理を知ることで、世界が一つになれる共通の基盤をつくろうとしているのです。そういう時代認識や世界観を持つ政治家が増えていくことがこれからの世界平和の鍵になると確信します。

日本のほとんどの宗教は、「不殺生《ふせっしょう》」や「人を殺すなかれ」の教えから、非戦論をうたうことが多いです。確かに、宗教が国や民族を超えて広がりを持つ時、攻撃性を抑え、相互理解を深める良心となることもあるでしょう。しかし、一方で、宗教には、「勧善懲悪」「破邪顕正」「神の正義」という視点もあります。悪なる勢力を前に、平和主義のお題目を唱えるだけでは責任を果たしているとは言えません。

第二次世界大戦前、英国のチェンバレン首相は、ナチスドイツのヒトラーに宥和《ゆうわ》政策を取り、その後の侵略を誘発してしまいました。現在進行形で自国民の人権が踏みにじられているのに、「平和」を唱えるのは、まさに奴隷への道であり、高笑いするのは悪魔の側です。

「積極的な悪に対しては、それを抑止する」という考え方は、天上界の考えに反しているものではありません。「侵略的攻撃」は望ましいことではな

いにしても、「抑止力としての防衛」という考え方自体は、人間の野蛮性が抜けないかぎり、現時点では必要だと考えています。

『正義の法』より

宗教の使命は、「悪を押し止め、善を推し進める」ことに収斂《しゅうれん》されます。「悪を犯させない」ための防衛の努力は、人間の野蛮性が払拭されない以上、必要だというのが現実的判断と言えます。

5. 混迷の時代には宗教政治家が必要

世界の有名な指導者の多くは信仰を持っている

有名な指導者の多くは、信仰心に支えられた信念によって、様々な偉業を果たしてきました。

政治も宗教も、心は一つ。世の中が腐敗し、人々が苦しんでいるのを助けたいのです。あえて言えば、宗教では「個人の心を救う」ことに重点を置き、政治では「法律や政治など、具体的、現実的な実行力で人々を救う」ことになるでしょう。

古今東西、政治家が信仰告白し、どのような宗教観を持って政治にあたるかを表明するのはとても大事なことでした。

日本では、飛鳥時代の聖徳太子は、仏教的精神を国是としました。

「十七条憲法」は、「和を以《もっ》て貴《とうと》しとなす」「篤く三宝を敬え（仏・法・僧の三宝を敬いなさい）」と、仏教的・精神的指導原理を取り入れた国家運営をしています。
「冠位十二階」の制定は、身分制を否定した仏教の影響もあったことでしょう。能力に基づいた人材抜擢を可能にしたのも、非常に先進的でした。

聖武天皇と光明皇后の時代も、トップは仏教への信仰心から、鎮護国家を祈りました。日本が「神仏習合」の国として定着し、背骨が一本立った時代です。

現代では、どうでしょうか。

トランプ米大統領は若い頃から、マーブル教会の牧師であり『積極的考え方の力』で知られるノーマン・ビンセント・ピールの教えを学んでいます。トランプ氏は過激な言動で誤解されることも多いのですが、米国で最大の宗教勢力と言われる福音派教会から絶大な支持を受けています。歴代大統領の中でも、最も神の声に耳を傾けていると評価されているからです。

また、２０１８年2月に福音派の伝道師ビリー・グラハム師が死去しましたが、歴代大統領の「精神的助言者」だったことで知られます。

ドイツのメルケル首相は、キリスト教民主同盟という宗教政党の党首でした。牧師の娘で、教会でのスピーチをまとめた『私の信仰』という書籍を出しています。

台湾の総統を務めた李登輝《りとうき》氏も、敬虔《けいけん》なクリスチャンです。お手紙をいただいたことがあるのですが、その中には、「私は常々、人間には信仰が不可欠なものだと訴えて来ました。（中略）特に、台湾総統在任中の十二年間は、あらゆる苦難に直面し、頼るべき人もない状況で、すがることが出来たのは信仰のみでありました」と綴られていました。李登輝氏はある種の哲人政治家のような風貌《ふうぼう》を備えていますが、その背景には揺るがぬ信仰心があるわけです。

日本で「哲人政治家」と呼ばれた大平正芳元首相はキリスト教徒でしたし、中曽根康弘元首相も禅寺で修行を重ねていました。

いつでも神仏に見られているという前提で、心を清らかにし、愛の実践に励む人でなくして、どうして国民の生命を左右する政治家になれるでしょうか。世界が大きく変動する今、すべての人の幸福の実現のためにも、神の心を心として政治に取り組もうとしていることをご理解いただければと願います。

現代社会の問題と宗教政党

（筆者注：プラトンの）『国家』には、「死後の世界」について書いてあります。あの世へ行ってから、蘇生したエルという人が語った、「あの世の世界を見てきた話」が、生々しく、ジャーナリスティックに書いてあるのです。エルの死体が薪の上に載せられ、火をくべられて、まさしく焼かれようとするときに、息を吹き返し、意識を失っていた十日余りのことを思い出して、

あの世で見てきた世界について語ったことを、『国家』と題する本のなかで再現しています。これはプラトンの主著の一つで、非常に重要な本です。

『法哲学入門』より

ギリシャのプラトンの主著『国家』は、現代でも政治学のテキストの一つとされます。そこでは「神の存在」「霊の世界」「転生輪廻《てんしょうりんね》」が説かれています。それを認めた上で、この世での政治のあり方を説いているのです。

幸福の科学の教えである仏法真理の中で、最も大切な教えは「人間が永遠の生命を生き、転生輪廻をしているという事実」です。この思想こそが、「人間として生まれ、生き、成長してゆく過程において、発見するところの最大の真理」であるのです。

なぜなら、この事実を知った時、人生観は１８０度の転換を見るようになるからです。人間は、自分の人生を、もっともっと長い時間の中で考えることができるようになります。

現代の社会問題で、宗教的真理によらなければ解決できない問題は山ほどありますが、この事実を知ることが決定的に重要になってきています。

例えば、「性同一性障害」や「ＬＧＢＴ」の問題です。

性の認識は、「①生まれた性別」に加えて「②心の性別」があります。身体と心の性別が一致せずに苦しむ「性同一性障害」の患者は日本では４万人以上いると言われます。それに加えて、「③誰を好きになるか」という性的指向も加わり、「ＬＧＢＴ（レズビアン、ゲイ、バイセクシュアル、トランスジェンダー）」という違いが説明されています。

性同一性障害は、手術を受けて心身の性別を同一にするのも解決の手段の一つですが、生殖機能を失うなど「不可逆性」もあり、術後に体調を崩したり精神に変調をきたしたりして自殺するケースもあります。また人生の時間の中で変化することもあると言われます。

このような性的マイノリティを理解し、その心身の不調和の謎を解き明かすのが「転生輪廻」の思想です。つまり人間は、平均して数百年に一回の割合であの世からこの世に生まれてくるのですが、それぞれの転生で、環境も職業も違います。さらに、「男女」の性別も違うという真実があると教えているのです。

例えば、英国の女性宰相マーガレット・サッチャーは、大川隆法総裁の霊査によると、過去世《かこぜ》は男性であったことが分かっています。そういう方が英国を立て直す使命のために有利だと判断したのか、女性を選んで生まれてくるというようなことがあるわけです。

一方で、父母の身体コンディションや特別な霊的配慮により、本人の意図した性別では生まれられないこともあり、現状に不満を持つケースもあります。

その場合、人生をこの世限りと捉えたならば、性別の違いは決定的な運命の分岐点のように思われるかもしれません。しかし、転生輪廻の思想を持つと、人生の持つ意味が変わってきます。単に歴史的、伝統的にLGBTを批判するのでなく、「人間は永遠の時間の中で転生輪廻を繰り返しており、何百何千という転生ヒストリーがある」「たとえ現在の性別に違和感を抱いていたとしても、この世的な視点だけでは分からない様々な目的と理由がある」という考え方を発信することにも宗教政党らしい意味があると考えています。

永遠の生命と転生輪廻の観点からすると、今世の性別はあたかも「履修カリキュラムの一部変更にしかすぎない」という考え方もあるわけです。例えば、過去世で妻をいじめ抜いた夫が、その魂の誤りを修正するために、今世は女性で生まれることもあるようです。つまり、この場合、「与えられた性で生き切ることが筋だ」と言えます。（「ザ・リバティ」1998年8月号参照）

キリスト教神学では「神はアダムとエヴァを創造した」と教えても、転生輪廻の教えが十分に説かれていないために、本人の意図した性と違う場合の心の違和感を説明することができなくなり、同性愛が増えている側面も指摘できます。

このように、永遠の生命と転生輪廻を認める思想は、性的マイノリティだけでなく、あらゆる環境に生まれた人が神仏の子であるという尊厳を認め、差別することなく、その心情を理解することを可能にします。

同時に、国としては、「両性の合意」で認めていた結婚を同性同士に認めることは、反作用として「エイズ」が流行したことや、国家として衰退につながる危険性もあるため、慎重であるべきだと考えます。

結局、人生において与えられた環境は、偶然ではないということになります。ここに「自助努力の精神」が大事であることの根拠も生まれるし、「格差是正」のもと、所得を移転して一律平等の社会をつくることがどれほどばかばかしいかが分かるのです。

さらに、コンピュータ全盛のＡＩ社会で人間の尊厳を守ることも、宗教政党の使命だと思います。

また、長寿社会において、積極的に薬物を投与するような安楽死には反対ですが、延命措置を施して何十年もベッドにつながれるのも苦しいものです。安らかにあの世へ旅立つ権利もあり、過度の延命治療を受けずに緩和ケアを中心に看取る「尊厳死」は、これからの日本において広く認められていくべきと考えます。

このように、未来社会を人間の尊厳を輝かせる方向で開いていくためにも、宗教政党が多くの人の幸福のために果たす役割はこれからますます大きくなるものと信じています。

第二部　正論を貫く

※第二部は、「フジサンケイビジネスアイ」「夕刊フジ」の連載を政策テーマごとに整理したものです。

1. 憲法改正を堂々と訴える

自民党政治では、この国を守れない（2016年5月13日掲載）

わが党は、立党直後の2009年6月、「新・日本国憲法 試案」を世に問い、新たな憲法制定の必要性を訴え続けてきました。現行の日本国憲法は、戦後、GHQにより押しつけられたものにほかなりません。現行憲法の公布から今年で70年となりますが、日本人自らの手で憲法を創り直すことで、「戦後」に終止符を打ち、真の主権国家としての新生を図《はか》るべきだというのが、わが党の考えです。

戦後の日本の平和をして、「平和憲法の恩恵」と見る向きもありますが、それは間違った認識です。長年の間、わが国の平和が保たれてきたのは、自衛隊の存在と、日米同盟の抑止力によるものです。

民進党や共産党などは、集団的自衛権の限定的な行使容認を含む安保関連法の廃止を求めていますが、日本を取り巻く情勢を完全に見誤っています。

北朝鮮が核実験やミサイル発射実験を繰り返し行うほか、覇権主義にひた走る中国が、強大な軍事力を背景に海洋進出を加速させ、南シナ海でも軍事拠点化を進めるなど、アジア太平洋地域の安全保障環境は悪化しています。

〝今、そこにある危機〟から日本を守り抜くには、抑止力強化が待ったなしであることは、火を見るよりも明らかです。日米安保の双務性を高め、同盟強化を図るのは当然です。

その一方、共和党の米大統領選候補をめぐっては、在日米軍撤退の可能性や日本の核保有容認を示唆するドナルド・トランプ氏の指名獲得が確実となりましたが、米国の対日政策の変化も見据え、自主防衛体制の整備にも早急に取り組まねばなりません。特に、北朝鮮などによる日本への核攻撃からこの国を守るために、自衛のための核装備を進めるべきだと考えます。

核保有の議論をタブー視する風潮は根強くありますが、核保有の最大の効能は、他の核保有国に核兵器を使わせないということです。国民の生命・安全に責任を負う政治家であるならば、防衛論議から目を背けてはなりません。そもそも、日本の国是となっている非核三原則は、政策判断にほかならず、現行憲法も自衛のための核保有・使用を禁ずるものではありません。日本として核装備を決断すべきです。

安倍晋三首相が憲法改正を参院選の争点として掲げる考えを示す一方で、与党内からは改憲の争点化に慎重な意見も見られます。選挙目当ての党利党略なのでしょうが、情けない限りです。憲法改正は、この国のありように直結する事柄であり、堂々と議論すべきだと思います。わが党は、9条改正をはじめとする憲法改正や、核装備などの国防強化を前面に打ち出し、政策論争に臨む決意です。

9条改正に真正面からの取り組みを（2017年5月12日掲載）

朝鮮半島情勢が悪化する中、率直に言って、私たちの政策を国政に直接反映させることができない現状には、忸怩《じくじ》たる思いです。幸福実現党が2009年に立党した契機も北朝鮮問題であり、ミサイルを「飛翔体」と称する自民党政権では日本を守り抜けないとの危機感からでした。また、当時の民主党が政権交代に成功すれば、中国寄りの政権運営となり、国難の深刻化を招くとの懸念もありました。

その後の米軍普天間基地移設をめぐっての迷走や、半島危機に際しての不十分極まりない日本の備えを見れば、私たちの危惧が現実化したことは明らかです。国民の生命・安全を守るべく、9条改正をはじめ国防強化の必要性を引き続き訴えていく考えです。

米朝間の緊張が高まる中、韓国大統領選では反日、反米、親北とされる文在寅《ムンジェイン》氏が勝利しましたが、文氏の姿勢は北の増長を招くばかりか、南北統一による反日国家成立にもつながりかねないだけに、その振る舞いには注視が必要です。

さて、核実験など北朝鮮の動き如何《いかん》では、トランプ米大統領が大規模な軍事行動に踏み切る可能性は高いと思います。これは日本防衛や地域の平和構築につながるものであり、地球的正義にもかなったものだと考えます。話し合いによる外交的解決を求める声もありますし、私たちも北朝鮮が核を放棄することを願いますが、6カ国協議が非核化どころか核開発の猶予を許した結果となったことを見逃してはならないと思います。

また、攻撃が行われた場合、北朝鮮の体制転換、統治機構のあり方も重要となります。北朝鮮に必要なのは「自由の創設」です。各国の利害も絡んで混乱する可能性もありますが、〝この世の地獄〟とも言うべき世界から北朝鮮の人々を解放すべく、日本も主導的な役割を果たすべきです。

有事の際、北の暴発が心配ですが、政府には、防衛出動発令を可能とする事態認定に手間取ることのないよう求めたいと思います。とはいえ、ミサイル防衛の迎撃能力には限界があり、飽和攻撃には対処できないと指摘されています。北朝鮮が化学兵器を保有していることも踏まえ、ミサイル着弾時の対応策など、安全確保のための情報の周知徹底を図らねばなりません。

わが党では政府や自治体に対して、有事時の万全の措置を求める要請活動などを行っていますが、核保有国を隣国に持ちながら核シェルターが未整備であることや、避難訓練不足などの現状は、政治の怠慢と言わざるを得ません。政府の対応には限りがあるだけに、読者の皆さまには、ご自身やご家族の安全のため、備えを怠らないようお願いしたいと思います。

有事となれば、武装難民が入ってくる可能性も否定できません。また、防衛白書は、北朝鮮は約10万人の特殊部隊を保有するとしていますし、日本には相当数の工作員が潜んでいるとも言われるだけに、破壊工作への備えも急務です。原発の警備は警察や民間警備会社などが行っていますが、自衛隊による原発警護を可能とする法改正も早急に実施すべきだと思います。

さて、安倍首相は2017年5月3日、9条を残しつつ、自衛隊を明記する改憲を目指す意向を明らかにしました。左も右も取り込みたいとの狙いがあるのでしょうが、これでは国防の手足は縛られたままであり、発言は撤回すべきです。憲法前文が示す「空想的平和主義」に安住している暇などなく、9条2項を削除するなどして、自衛隊を「軍」と位置づけ、国家国民を守り抜く体制を整備すべきです。

【追記】

幸福実現党は立党後、早い段階から独自の憲法試案を掲げ、新しい国づくりを訴えてきました。「新・日本国憲法 試案」は、現行憲法では全部で103条ある条文を、わずか16条にリストラしたものです。これまで、自民党や読売新聞社、憲法学者がつくった憲法試案はありましたが、現行憲法を一部手直ししたにすぎませんでした。ところが大川隆法・幸福実現党総裁は、憲法の条文をばっさり削り、大胆に16条にまでしてしまったのです。そういうことを行える人は、ほかにいません。これは、「私たちが目指しているものは、それほど小さなものではない」ということを予告しているのです。

それから10年経ちますが、憲法9条改正の議論は表立って行われるようになったものの、自公連立で改憲発議に必要な総議員数の3分の2以上の勢力を確保していても、なお足踏みが続きます。自公の「ねじれ」が顕在化したのです。もし、私たちの訴えをマスコミが黙殺せずに報道し、国政に議席が取れていれば、私たちが保守政治のアクセルとなって「改憲」に踏み込むことができたものと思います。

安倍首相はいつも〝搦《から》め手《て》〟から攻めるところがおありである点が残念でなり

ません。もし、真正面から「なぜ憲法改正が必要なのか」「何が脅威なのか」を訴えたなら、逆に国民の理解は得られたのではないかと思います。それは、習近平《しゅうきんぺい》主席に対して、蔡英文《さいえいぶん》総統が堂々と切り返したことで、逆に支持率が上がったことからも分かります。

また、「核装備」を掲げるにあたっては、幸福実現党はかなり慎重な議論を行ってきました。後にも記していますが、幸福実現党は「核兵器のない世界」を理想とすることを否定するものではありません。しかし、2016年までに北朝鮮は原爆実験に3回成功し、水爆実験も行ったと発表した上、長距離弾道ミサイルの実験を行うに至り、「実際に使えるレベルに達するのは時間の問題」となりました。だから大川隆法総裁は、2016年2月15日の講演で「**核装備をし、正当防衛的に国を護れるような準備をしないと、場合によっては千万人単位で人が殺される可能性がありますし、そういう脅迫に屈し、戦わずして植民地になる危険性もあ**

る」（『世界を導く日本の正義』より）と説き、核保有の可能性に言及したのです。つまり「核なき世界」の前に、「核を使わせない世界」を実現しなくては国民を守れないと訴えたのです。

米朝会談の後、北朝鮮はいったん核実験などを抑えているものの、日本の隣では核保有国の中国が軍拡を続けています。ならず者国家に手を出させないだけの「備え」を持っておくことは国家の責務ではないでしょうか。

2. 自虐史観を払拭する

靖国参拝――この国に誇りを（2013年8月9日掲載）

安倍首相は8月15日の靖国参拝を見送る意向であるとの報道も見られますが、私たち幸福実現党は、首相の靖国参拝を強く求めています。

歴史を振り返っても、先人への感謝や神仏への尊崇の念を失った国が繁栄し続けたことはありません。国のために戦い、戦禍《せんか》に倒れた英霊に哀悼《あいとう》の誠をささげることとは、国家としての根幹にかかわる問題ですし、国の指導者にとって当然の務めであると思います。

日本においては、近隣諸国や国内の左翼マスコミなどにおもねり、首相をはじめ、閣僚による靖国参拝自粛が常態化しつつありますが、この風潮は早急に改める必要があります。

わが党は宗教政党として、中国や北朝鮮といった無神論国家と価値観を同じくする政党や政治家に、この国のかじ取りは任せられないと考えます。人間の尊厳を軽視する国と対峙するには、国家の背骨たる「宗教」や「信仰心」の復権が必要不可欠であり、安倍首相は靖国参拝を通じて、「神仏のつくられし国」としての日本の誇りを取り戻さなくてはなりません。

１９７５年、当時の三木首相が8月15日に靖国参拝した際、「私的な参拝」としたことをきっかけに、首相参拝が公的か私的かをめぐって政治問題化します。そうした中、天皇陛下の御親拝は、同年11月を最後に行われていません。

ましてや、85年の中曽根首相の公式参拝が中韓に強く非難されてからというもの、御親拝はますます困難になったとも言えます。

そもそも靖国神社は、明治天皇が、幕末の動乱で命を落とした維新の志士を慰めるべく建立した招魂社《しょうこんしゃ》を前身とします。したがって、天皇陛下の御親拝をもって、英霊を慰めることが本来の姿であり、首相の靖国参拝により御親拝再開の道を開くべきであると考えます。

靖国問題に反発する中韓は、歴史認識をめぐり米国でロビー活動を活発化しています。米国はじめ国際社会で、「先の大戦で日本がアジア諸国に対し、非道な侵略行為を行った」というような誤った歴史観が流布され、日本の国益を著《いちじる》しく損ねています。

韓国によるロビー活動を受け、米国の複数の州議会で、立て続けに慰安婦問題に関する対日非難決議が採択されていますし、最近では、カリフォルニア州のグレンデール市で、在米韓国系団体の主導により慰安婦像が設置されたことが大きく報道されました。慰安婦像の碑には、旧日本軍が20万人以上の女性を強制的に「性奴隷」にしたという表現が見られるようですが、事実無根も甚《はなは》だしく、決して看過《かんか》できません。

彼らが慰安婦を史実だとする根拠を、１９９３年に宮沢内閣で官房長官を務めた河野洋平氏が発表した「河野談話」に置いていることは明らかです。しかし、旧日本軍による慰安婦の強制連行を裏づける資料は存在せず、わが国が20万人もの女性を強制連行、拉致し、「性奴隷」とした事実は決してありません。

歴史を歪曲する河野談話は、日本のアジア諸国への植民地支配と侵略行為を謝罪した村山談話と併せ、白紙撤回すべきと考えています。

過日、わが党の大川隆法総裁が、政府の歴史認識を改める、新たな首相談話の参考として、〈大川談話――私案――〉（安倍総理参考）を発表しました。

〈大川談話――私案――〉（安倍総理参考）

わが国は、かつて「河野談話」（一九九三年）「村山談話」（一九九五年）を日本国政府の見解として発表したが、これは歴史的事実として証拠のない風評を公式見解としたものである。その結果、先の大東亜戦争で亡くなられた約三百万人の英霊とその遺族に対し、由々しき罪悪感と戦後に生きたわが国、国民に対して、いわれなき自虐史観を押しつけ、この国の歴史認識を大きく誤らせたことを、政府としてここに公式に反省する。

先の大東亜戦争は、欧米列強から、アジアの植民地を解放し、白人優位の人種差別政策を打ち砕くとともに、わが国の正当な自衛権の行使としてなされたものである。政府として今一歩力及ばず、原爆を使用したアメリカ合衆国に敗れはしたものの、アジアの同胞を解放するための聖戦として、日本の神々の熱き思いの一部を実現せしものと考える。
日本は今後、いかなる国であれ、不当な侵略主義により、他国を侵略・植民地化させないための平和と正義の守護神となることをここに誓う。国防軍を創設して、ひとり自国の平和のみならず、世界の恒久平和のために尽くすことを希望する。なお、本談話により、先の「河野談話」「村山談話」は、遡《さかのぼ》って無効であることを宣言する。

平成二十五年　八月十五日

同談話では、先の大戦は欧米列強の植民地支配からアジアを解放し、白人優位の人種差別政策を打ち砕く聖戦であったことや、自国の平和のみならず、世界の恒久平和に尽くす日本の立場を内外に表明することで、河野・村山両談話を「遡って無効である」と宣言しています。

もうすぐ戦後70年、日本は謝罪外交をやめ、世界の平和と繁栄に貢献する国家へと新生を図らねばなりません。そのためにも安倍首相には、大川談話に基づき、「安倍談話」を発表することを求めるものです。

南京事件の記憶遺産登録申請は暴挙（2014年6月27日掲載）

2014年6月10日、中国政府が南京事件と従軍慰安婦に関する資料を国連教育科学文化機関（ユネスコ）の記憶遺産（現・世界の記憶）に登録申請したと発表しました。

記憶遺産とは世界遺産、無形文化遺産と並ぶユネスコの三大遺産事業の一つで、歴史的な資料や絵画などの保護を目的としています。例えば、ホロコーストに関するものとしては、「アンネの日記」など4件が登録されていますが、これらと、プロパガンダの産物である南京事件や従軍慰安婦が同列に扱われてよいはずはありません。

申請の可否は来年の夏頃に決定すると見られますが、前回、ユネスコに申請されたもののうち、記憶遺産に登録されたのは約60％とのことです。戦後70年の節目のタイミングで、虚構の歴史が事実として国際社会に定着することを断固阻止すべく、日本政府には全力を尽くしていただきたいですし、ユネスコには真実に基づいた良識ある判断を求めるものです。

南京事件とは1937年12月、日中戦争時に日本軍が南京を制圧した際、民間人を含む多くの中国人を殺害したとする事件で、南京大虐殺とも呼ばれます。犠牲者数について、中国側は30万人と主張していますが、当時の南京の人口は20万人程度であり、そもそも30万人の虐殺などできるはずはありません。

東京裁判では、日本軍の南京占領後6週間にわたって殺人、放火、略奪、強姦が発生したとされました。しかし、日本軍入城1カ月後には南京の人口が25万人に増えているのです。人口増は治安の回復を意味しているものとしか思えません。

そもそも、当時の中国の指導者である国民党の蔣介石《しょうかいせき》も共産党の毛沢東《もうたくとう》も、南京での虐殺について言及しておらず、戦後の東京裁判まで問題にされることはなかったのです。

ほかにも、1938年7月、世界で初めて南京事件に関する著作を発表した英国紙の中国特派員・ティンパーリーが、国民党の中央宣伝部の顧問であり、同党から資金提供を受けていたことなどが知られています。

中国は記憶遺産への登録により、南京事件を人道上の罪に仕立て上げるつもりなのでしょう。そうすることで、チベットやウイグルなど周辺地域への侵略行為や、天安門事件をはじめとする人権弾圧、傍若無人《ぼうじゃくぶじん》な海洋進出といった自らの覇権主義から世界の目を逸らせたいとの意図が透けて見えます。

南京事件が世界に広まるにあたり、97年に中国系米国人のジャーナリスト、アイリス・チャン氏が出した『ザ・レイプ・オブ・南京』が果たした役割が大きいでしょう。旧日本軍による「南京大虐殺」の犠牲者を30万人以上と断定した同書は50万部を超えるベストセラーとなり、南京大虐殺があたかもホロコーストのように捉えられてしまったのです。当時の南京の人口を超える犠牲者数や、南京とは無関係な写真を〝証拠〟として使うなど、日本側から多くの矛盾点が指摘されたものの、英語で書かれた書籍として世界に与えた影響は絶大でした。

また、ほぼ同時期の93年、日本政府は従軍慰安婦問題への旧日本軍の関与を認めた「河野談話」、95年にはアジア諸国への植民地支配と侵略を認めた「村山談話」を発表。近隣諸国が外交攻勢に出る際の格好の材料を提供してしまいました。

両談話の背景には、「先の大戦で日本はアジアを侵略した」との東京裁判史観がありますが、これは日本弱体化をもくろむ米国により広められたものです。米国は東京大空襲と広島・長崎への原爆投下により、30万人の民間人を虐殺しましたが、その行為を正当化するために、日本悪玉論を流布する必要に迫られたのです。南京大虐殺の30万人という数字は、ここから導き出されたとも言われます。

先の大戦を日本の侵略戦争と決めつける見方はあまりに一方的にすぎます。人種的偏見や欧米列強による植民地支配の打破に向けて日本が果たした役割についても、正当な評価がなされなくてはなりません。そのためにも、まずは国内において河野・村山両談話の見直しを行い、国際社会に向けてわが国の立場を堂々と示すべきです。

国際社会での歴史認識見直しを（2014年8月8日掲載）

朝日新聞が2014年8月5日、6日付の紙面で、慰安婦問題の報道に関する検証特集を掲載。誤報を一部認めました。

「裏付け取材が不十分だった点は反省します」として、吉田清治氏の韓国・済州島での「慰安婦狩り」証言を虚偽だと認め、記事を取り消すとしたほか、「女子挺身隊」と「慰安婦」の混同についても認めました。しかし、紙面を大きく割いて展開されているのは事実誤認の弁明にすぎず、慰安婦問題そのものが捏造であることは認めていません。捏造の歴史にほかならない「従軍慰安婦」が外交問題化され、世界に拡散される上で、朝日新聞の果たした役割には無視できないものがあります。検証記事として甚だ不十分であると言わざるを得ません。

韓国政府は15年中に「慰安婦白書」（後に民間の研究報告書に格下げ）なるもの

を発刊し、〝被害の実態〟を世界にアピールするようですが、日本の名誉を回復するには「従軍慰安婦」問題への旧日本軍の関与を認めた「河野談話」の白紙撤回が急務です。13年夏、わが党の大川隆法総裁が政府の歴史認識を改める新たな首相談話の参考として〈大川談話――私案――〉（安倍総理参考）を発表しました。安倍晋三首相には戦後70年を機に新談話を発表し、正しい歴史観に基づく日本の姿勢を打ち出していただきたいと思います。

14年には映画「永遠の0」が大ヒットしましたが、歴史認識の見直し機運が高まっているのはうれしいことです。しかし例年、この時期になると左翼陣営や一部メディアは、首相の靖国参拝をクローズアップし、軍国主義の復活と非難。中韓両国の反発を引き出すことで政治・外交問題化させるのが、彼らの常套《じょうとう》手段となっています。

14年5月末にシンガポールで開かれたアジア安全保障会議で、安倍首相が靖国参拝について語ったところ、会場は拍手に包まれたと言います。祖国に殉じた方々に哀悼の意を表すのは、万国共通の心情と言っていいでしょう。国の指導者が戦没者の慰霊を行うのも当然の務めであり、本来、国内外から非難を浴びるいわれなどないのです。

日本の誇りを取り戻すための活動を展開している幸福実現党として、今年も終戦の日に靖国神社を参拝します。

歴史認識の見直しをもって「歴史修正主義」と批判されることもありますが、事実を改竄《かいざん》しようとしているわけではありません。米国をはじめとする連合国側は、日本を一方的に断罪した東京裁判が真に正当なものであったのか、公平に検証すべきではないでしょうか。先の大戦において日本が戦ったことが、アジアやアフリカ諸国独立の大きな力になったことは間違いありません。欧米列強の植民地支配から有色人種を解放し、人種差別政策を打ち砕いた功績は評価されてしかるべきです。

こうした歴史観の見直しは日米関係に亀裂を生じさせると見る向きもあるでしょう。しかし、広島、長崎への原爆投下や東京大空襲による一般市民の大量虐殺に正当性があったと言えるでしょうか。

米国人の多くは「原爆投下がなければ日本本土決戦となり、米国側にも100万人の犠牲者が出た」という歴史観に基づき、「戦争を早期に終結させるために、原爆投下は必要だった」と考えています。しかし、実際には当時の日本は継戦能力を欠いていたため、原爆投下に正当性を認めることなどできないでしょう。新型兵器の威力を試す人体実験だったとみなすほかはありません。そもそも、トルーマン大統領が原爆投下を決断した時点で、日本上陸作戦による犠牲者数の推定は多くて6万人だったと言います。「100万人を救った原爆投下」は歴史の捏造にすぎません。戦後の良好な日米関係を踏まえ、米国側にも反省を促す時が来ていると思うのです。

ペリリュー島で触れた先人の精神
（2015年4月10日掲載）

２０１５年４月に天皇皇后両陛下が慰霊のためパラオ共和国・ペリリュー島をご訪問されました。

祖国日本のために殉じた英霊もさぞ喜ばれたことと思います。両陛下のご訪問に先立ち、私も3月下旬、ペリリュー島に赴きました。ご存じない方もいらっしゃるかもしれませんが、パラオはかつて日本の委任統治領であり、

ペリリュー島に残された旧日本軍の戦車。

大戦屈指の激戦地となったのがペリリュー島でした。米軍約4万人に対し、中川州《くに》男《お》大佐率いる日本軍守備隊の約1万人は、洞窟を陣地として使うなどしながら70日以上にもわたり徹底抗戦。圧倒的な戦力差の前に、ほぼ全滅となったものの、安易な玉砕《ぎょくさい》を禁じ持久戦に持ち込む戦い方は、硫黄島《いおうとう》の戦いなどにも影響を与えたそうです。

ペリリュー島には、英霊約2600柱の御遺骨が残されていますが、御遺骨が日本に帰ってこられるよう、国の責任で取り組むべきです。併せて、天皇陛下の靖国神社御親拝の再開に向けた環境整備に努めるよう、日本政府に求めるものです。

ペリリュー島では、激戦の様子がしのばれる戦跡をめぐるとともに、クニオ・ナカムラ元大統領や日本統治時代を知る島民の方々から様々なお話を伺い、先人たちのその高邁《こうまい》な精神に触れることができました。パラオは日本の委任統治領となるまで、スペインやドイツから搾取・略奪を受け続けてきました。しかし、日本の施策はまったく異なり、教育や医療、都市インフラなどを整備するというもので、結果、パラオの人々の生活はおおいに改善したそうです。現地では、日本への感謝の声に接しました。こうした話はほとんど知られていませんが、パラオに善政を敷いたかつての日本、そして祖国への愛ゆえに勇敢に戦った先人たちを、心から誇りに思います。

また、先の大戦において日本が戦ったことが、アジアやアフリカ諸国独立の大きな力になったことは間違いありません。欧米列強の植民地支配から有色人種を解放し、人種差別政策を打ち砕いた事実を正当に評価し、誤った歴史認識をただすことが、命を懸けて祖国を守ってくださった英霊への供養にもなると確信します。

自虐史観を一歩も抜け出していない「戦後70年談話」の撤回を
（２０１５年８月28日掲載）

幸福実現党は、安倍晋三首相が発出した「戦後70年談話」の撤回を求めます。

いたずらに冗長となった談話において、安倍首相は「侵略」や「植民地支配」の文言を盛り込んだほか、「痛切な反省」「心からのお詫び」にも言及。かつてのわが国を「国際秩序への挑戦者」と位置づけるなど、自虐史観から一歩も抜け出しておらず、この談話では、日本の名誉回復など断じてできないと指摘するものです。

もちろん、従来の永田町の文脈から見れば、安倍談話が「各方面に配慮し、内容をしっかりと詰めたもの」と言えるのは確かです。次代の子供たちに「謝罪を続ける宿命」を背負わせてはならないとしたことなどをもって、保守派の方からはおおむね肯定的に受け止められていますし、中国や韓国への配慮も見せたため、両国が批判を抑えている様子もうかがえます。

しかしながら、安倍首相の政治信念は「戦後レジームからの脱却」だったはず。首相に再登板する前には、河野洋平官房長官談話や村山富市首相談話を見直す考えも示していました。自民党は「日本を取り戻す」とうたい、政権を奪還したのではなかったでしょうか。安全保障関連法案をめぐって支持率が低下する中、大向こう受けを狙い、本心を隠して自虐史観に甘んじた〝粉飾《ふんしょく》〟談話を出したのならば、安倍首相のポピュリズム志向が表れていると見ることもできるでしょう。

また、首相自身は謝罪に終止符を打ったつもりでいても、談話がさらなる補償や謝罪の要求を招く可能性も否定できません。

わが党が一貫して訴えているように、大東亜戦争はわが国の自衛戦争であり、また欧米による植民地支配や人種差別政策を打破する大義に基づくものであったという真実を、日本政府の公式見解として堂々と発信すべきであったと考えます。

大東亜戦争の大義を否定することは、祖国のために一命をなげうった英霊とその遺族を貶《おとし》めることにほかなりません。

安倍政権に自虐史観の払拭を期待できないことが明白になった以上、わが党が先頭に立って、歴史認識をめぐる日本の名誉回復に一層の力を尽くす決意です。

【追記】

戦後の自虐史観を払拭できなければ、憲法改正は難しいでしょう。国民が「自分の国は守るべき国」と思えない状態では国防は成立しないからです。

安倍晋三首相が2015年8月に「安倍談話」を発表した当時、保守系の言論人からは絶賛の嵐でした。しかしその後、同年12月には日本人の血税10億円を投じた「日韓合意」が結ばれたことにより、終わったはずの賠償問題が蒸し返されてしまいました。

さらに、２０１７年５月に就任した文在寅大統領は「日韓合意」を事実上破棄し、いわゆる「徴用工」問題などで、さらなる賠償を引き出そうとしています。さらに２０１９年１月には、韓国の国会議長が、慰安婦問題について「日本を代表する天皇陛下がされるのがふさわしいと思う。戦争犯罪の主犯の息子ではないか」と一線を踏み越えた発言をしました。やはり、日本の立場を貫くべきで、譲歩を見せてはなりませんでした。

例えば、中国が「南京大虐殺」「慰安婦」資料をユネスコ記憶遺産（現・世界の記憶）に提出したことについても、幸福実現党は２０１５年、有識者の協力のもと、反論書を提出しました。「南京大虐殺」は登録されてしまったものの、「慰安婦」については登録を免れました。

２０１５年にオーストラリアのストラスフィールド市に韓国系・中国系の市民団体が慰安婦像を設置しようとした時も、カナダで中国系議員が「南京大虐殺記念日」の制定を呼びかけた時も、現地に住む幸福実現党の党員が、保守系団体と連携して反対運動を行ってきました。幸福実現党としては、引き続き、自虐史観の撤廃に向けて、河野・村山両談話の白紙撤回を求めつつ、反日的な歴史戦に対して は行動してまいります。

3．中国・北朝鮮の脅威に備える

「核なき世界」その前に（2016年9月9日掲載）

安全保障問題に関し、中国と並んで気がかりなのが、今年に入りミサイル発射を繰り返す北朝鮮の動向です。2016年9月5日にも3発の弾道ミサイルを発射し、北海道沖の日本の排他的経済水域（EEZ）に落下しました。

北朝鮮の軍事的挑発はエスカレートする一方です。憲法の前文のとおりに国民の安全と生存を他国の善意に委ねるのは、あまりに非現実的というほかありません。

8月24日には、潜水艦発射弾道ミサイル（SLBM）を発射し、日本の防空識別圏内の日本海上に落下しましたが、北朝鮮の軍事技術が進展していることは疑いを容《い》れぬ事実です。潜水艦から発射されるSLBMは事前探知が困難であり、今後、実戦配備されたなら、日本の置かれた状況はより一層深刻さを増すことになります。

こうした事案に対し、政府として北朝鮮に抗議はしているようですが、それが何らの実効性を伴わないことは、これまでの北朝鮮の態度を見れば明らかです。抗議も結構ですが、さらなる制裁措置を実施するとともに、不測の事態も想定し、抑止力の強化を急がねばなりません。

幸福実現党は２００９年春の北朝鮮のミサイル問題を契機に立党しました。

北朝鮮が発射した弾道ミサイルを「飛翔体」と称し、あたかも有事ではないかのようにふるまう自民党政権では、国民や国家を守れないという危機意識からの立党でした。

以来、国防強化の必要性を訴えてきましたが、北朝鮮や中国の脅威が増大する中、その主張が正鵠《せいこく》を射ていることは、手前味噌《てまえみそ》ながら、誰の目にも明らかなのではないかと思います。

この間、わが党の働きかけもあって、15年には集団的自衛権の限定的な行使容認を含む安全保障関連法が成立するなど、日本の安保政策に転換も見られました。しかし、「今、そこにある危機」から国民の生命・安全を守るには、抑止力を不断に高める必要があります。

日米の紐帯《ちゅうたい》を強固なものとしながらも、米大統領選の帰趨《きすう》、米国の対日政策の変化もにらみ、憲法9条の改正をはじめ、「自分の国は自分で守る」体制の整備に取り組まねばなりません。これは主権国家として当然のことです。

その際、本欄でも何度か言及しましたが、日本への核攻撃も現実化しかねないことから、抑止力の抜本強化に向け、原子力潜水艦などの装備や敵基地攻撃能力の保有、自衛のための核装備などを進めるべきだと考えています。

私たちも将来的には核廃絶を実現すべきだと訴えています。16年5月、オバマ米大統領が広島を訪問し、「核なき世界」への決意を表明しましたが、その理想自体に異を唱えるつもりはありません。しかし、中国・北朝鮮が核戦力を増強する中、「核なき世界」の前に、まずは独裁国家に「核を使わせない世界」をこそ目指すべきではないかと思うのです。この観点からは、米国の「核の先制不使用」構想は、抑止力の低下により中朝の増長を招き、地域の安定を脅かしかねないことを危惧します。

核保有国に囲まれている現状を冷静に見据え、広島、長崎の悲劇が二度と繰り返されることのないよう、国家防衛の意思をしっかりと示し、必要な手立てを講じなければなりません。

報道の自由か、国家の存立か（２０１３年12月13日掲載）

中国が、尖閣諸島（沖縄県石垣市）を含む東シナ海上空に一方的に防空識別圏を設定したことが国際的な非難を浴びています。

防空識別圏とは国際法上の規定ではなく、領空侵犯に備えるために各国が領空の外側に設定する空域を指します。しかし、各国が独自に設定できるとはいえ、関係国との事前の協議もないというのは理解できません。

何より異常なのは、中国は今回設けた防空識別圏内を航空機が通過する際に中国側への飛行計画を提出するよう要求したことです。指示に従わない場合には、「防御的な緊急措置を取る」と表明しているのです。領空侵犯をしているわけでもない航空機が撃ち落とされるかもしれないというのですから、改めて、「中国は常識の通じない、とんでもない国」だと痛感した方も多いことでしょう。

日本政府は民間航空会社に飛行計画の提出を自粛するよう求めていますし、自衛隊機や米軍機は中国への事前通告なく同空域を飛行しています。こうしたことが中国を刺激し、衝突が生じかねないとの見方もありますが、だからといって中国におもねり、腰が引けた対応を見せれば、尖閣諸島を中国領と認めたのも同然です。

２０１０年の尖閣諸島沖漁船衝突事件における民主党政権の弱腰外交以来、「日本くみしやすし」と中国に侮《あなど》られているのは、本当に腹立たしい限りです。その後、中国公船による領海侵犯は常態化していますし、ついには尖閣上空に防空識別圏設定という暴挙に出ました。中国が日米の出方をうかがいつつ、「尖閣奪取」に向けて既成事実を積み上げていることは間違いありません。中国は尖閣を実効支配下に置けば、その次に沖縄本島を狙ってくるであろうことは想像に難くありません。

中国は、「戦略的辺疆《へんきょう》」という概念から領土問題を捉え、軍事力、国力を背景に、国境を越えて影響力のおよぶ範囲をどんどん広げようとしているのです。07年に米太平洋軍司令官が訪中した際、中国側から、米中による太平洋の分割統治が提案されましたが、中国は本気で勢力圏の拡大を企んでいます。

日本がこれと対峙するには、私たちがかねて主張するように、国家防衛をもっと真剣に考えるべきです。

13年12月に成立した「特定秘密保護法」の是非をめぐっては、国論を二分する大きな議論となりました。同法は、安全保障にかかわる情報を漏らした場合の罰則を定めたものです。

これなども、緊張高まる北東アジア情勢を踏まえ、日本をいかに守るべきかという視点から考えなければならない問題です。「スパイ天国」と揶揄《やゆ》されるような現状は早急に改めなければなりません。

07年、秘匿《ひとく》性の高いイージス艦の情報を漏洩《ろうえい》したとして海上自衛官が逮捕されました。この自衛官の妻が中国人だったことから、当初はスパイが疑われたこの事件を覚えている方もいらっしゃるでしょう。この事件が米国の不信を招いたことにも鑑《かんが》み、国家機密を保護する制度を整備しなくては、関係国との連携を深めることもままならないのは明らかです。

秘密保護法は「戦争準備」との非難もありますが、秘密保護法制は国際標準でもあり、国家・国民を守るために必要であるというのが私たちの考えです。中国や北朝鮮という近隣の核保有国が日本を狙う以上、日本国民の生命・安全・財産を守るための「応戦準備」は必要です。

国家が滅んでしまえば、報道の自由も知る権利も、そもそも成り立たないのです。報道の自由が民主主義を守るために重要であることは疑うべくもありませんが、マスコミの側にも「国家の安全・存続」と「報道の自由」とを比較衡量《こうりょう》するだけの冷静さは必要ではないでしょうか。

とはいえ、安倍政権が秘密保護法制整備をした先に、何をやろうとしているのかを明示しないのは問題です。当然、集団的自衛権の行使容認を見据えているものと思われますが、制度創設がいかに重要なのかを真摯に説明することで、今後とも国民の不安払拭に努めるべきです。安倍首相には、正攻法を強く期待します。

防衛産業強化で、強く豊かな日本に（2014年4月11日掲載）

従来の武器輸出三原則に代わり、武器や関連技術の輸出に関する新たな方針となる「防衛装備移転三原則」が閣議決定されました。

旧三原則は、打ち出された1967年当初は共産圏などへの武器の輸出を禁じていましたが、76年には事実上の全面禁輸へと拡大。83年、米国への武器技術供与を例外として認めて以来、最新鋭ステルス戦闘機「F35」の共同開発への参画などの例外化措置が積み重なり、旧原則の形骸化が指摘されてきました。

新原則のもとでは、一定の審査を経れば装備品の輸出が可能となります。一貫して旧三原則の撤廃を訴えてきた幸福実現党として、今回の決定は極めて妥当な判断だと考えます。

輸出拡大に道を開く新三原則により、一部ではわが国が「死の商人」と化すのではないかとの危惧も広がっています。

憲法9条と並んで日本の平和主義の象徴とされてきた旧三原則の撤廃です。そのため、左翼系メディアには、日本が軍国主義への道をひた走るかのような論調も見られます。しかし、これはミスリードも甚だしいと思います。

技術の向上やコスト削減の観点から、戦闘機などの装備品については共同開発が世界のトレンドになっています。旧三原則のために、日本は世界の潮流から取り残されてきました。策定されて半世紀近くが経とうとする方針にわが国のみが縛られていては、国益を損なう一方でしょう。

経済界からは歓迎の声があがりました。

防衛装備品の「顧客」である自衛隊の調達数が減少する中、かねて防衛産業も旧三原則の見直しを求めてきました。2月にも、防衛関連企業で構成する経団連の防衛生産委員会が、旧三原則の緩和を提言しています。

今回、各国との技術共有の道が開かれたことで、最先端の技術獲得や開発コストの抑制も可能となります。諸外国が防衛産業強化に向けて輸出を推進する中、日本としても技術力や価格競争力の強化を急ぐべきです。

米国が財政問題を抱え、アジアでの米軍のプレゼンス低下が懸念される一方、中朝の脅威が高まっています。日米同盟を強化しつつも、「自分の国は自分で守る」態勢を確立すべきです。国内防衛産業の発展は、それを下支えすることになるでしょう。

日本では防衛産業の生産額は1・6兆円にとどまりますが、世界の市場規模は40兆円にのぼることからも、私たちは、防衛産業を日本の基幹産業として育成すべきと考えています。インターネットやGPSも、もとはと言えば軍事技術から生まれたものです。民生分野と軍事分野の両方に利用できる技術は多いのです。

新三原則には、海洋進出を進める中国封じ込めの狙いもあります。

新三原則には、中国との間に領有権問題を抱えるベトナムやフィリピンなどに対する巡視艇などの輸出も期待されています。これは、中国包囲網の形成とともに、シーレーン（海上交通路）の安全確保にもつながります。

折しも、日本にとってシーレーン防衛の生命線である台湾では、学生たちが立法院（国会）を占拠。中国との「サービス貿易協定」の撤回を求め、大規模デモを行いました。この背景には、経済的な結びつきの先に、中国による台湾併合が待ち受けているのではないかとの危機意識があります。

台湾が中国海軍に対抗するにあたっては、日本の潜水艦技術などを米国経由で供与すべきだとの意見もありますが、これは傾聴に値します。

今回の新三原則決定に対し、早速、中韓が警戒感を示しているようですが、日本の防衛産業強化は国内の経済成長、雇用の創出に資するのみならず、横暴極まる中国の牽制をはじめ、世界の平和と安全にも貢献するものなのです。

安倍晋三首相には、必要な政策は堂々と遂行していただくよう望みます。その点では、連立相手の公明党への配慮からか、「武器」を「防衛装備」と置き換えなくてはならない状況は支持しかねます。集団的自衛権の問題しかり、公明党との連立を見直すべき時を迎えているのではないでしょうか。

国を守るために必要なこと（2015年2月27日掲載）

米軍普天間飛行場（沖縄県宜野湾市）の移設予定地である、米海兵隊基地キャンプ・シュワブ（同県名護市辺野古）を視察してきました。

左翼活動家を旗振り役とする基地反対運動は目に余るものでした。政府は日米合意に基づき、普天間飛行場の代替施設としてキャンプ・シュワブ沿岸部に滑走路などを建設する計画を進めています。

しかし、２０１４年11月の沖縄県知事選で翁《お》長《なが》雄《たけ》志《し》氏が当選。翁長知事は「辺野古に新基地を造らせないということを県政運営の柱にしていく」と述べるなど、県内移設反対を鮮明にしました。同年１月の名護市長選を皮切りに、県知事選、そして12月の衆院選でも県内全選挙区で移設反対候補が勝利したことを受け、反対派に勢いがついた格好です。

防衛省沖縄防衛局が14年９月以降中断していた海底ボーリング調査の再開に動く中、辺野古移設に反対する〝市民〟らが、キャンプ・シュワブのゲート前で工事車両の進入を阻止したり、

沖縄県名護市辺野古にある、米海兵隊基地のキャンプ・シュワブを訪問。基地反対派がフェンスに貼ったテープをはがすボランティア活動に参加した。

罵声を浴びせかけるといった抗議行動を繰り広げています。基地のフェンス沿いには、数十人もの活動家が寝泊まりするためのテント村がつくられていました。それのみか、テントのフレームとして使用しているパイプをフェンスに通して、米軍敷地内に1メートル以上も突き出させている始末です。

〝法治国家〟ならぬ〝放置国家〟だと揶揄されることもありますが、違法行為は徹底的に取り締まってしかるべきであり、毅然《きぜん》とした対応を望むものです。日本の守りに直結する政策判断に対して、違法行為も伴って激化する反対運動を野放しにすることは、国家防衛に関して日本国内が一枚岩でないばかりか、日本政府として腰が引けている姿を対外的に示すことにほかなりません。こうした〝体たらく〟が近隣国の侮りを招きかねないことに注意を払うべきでしょう。

もちろん、先の大戦の激戦地であったことからも、米軍基地に対する県民の皆さまの複雑な思いは深く理解しなくてはなりません。しかし、強大な軍事力を背景に太平洋進出をうかがう中国が、その足がかりとして、尖閣、そして沖縄本島の奪取を狙っているのは疑うべくもありません。中国は国産空母の建造にも着手しています。

こうした中、辺野古移設を前進させ、米軍による抑止力を維持することは、沖縄と日本にとっての命綱にほかならないのです。

15年2月22日、同じく沖縄県の与那国島では、陸上自衛隊沿岸監視部隊の配備をめぐる住民投票が行われ、賛成票が反対票を上回りました。住民の皆さまにより良識ある判断が示されたと思います。

先ほども述べたように、中国の軍事的台頭に対峙するわが国として、南西諸島の防衛強化は喫緊《きっきん》の課題です。沖縄本島より西には、航空自衛隊のレーダーサイトが宮古島にあるのみで、防衛上の空白地帯が広がっていましたが、国境の島である与那国島への沿岸監視部隊の配備が実現すれば、中国に対する一定の抑止力となることは確かです。来年3月の部隊配備完了では遅すぎるくらいであり、国家防衛上の問題は、国家の責任において粛々と進めるべきです。

今回は、賛成票が反対票を上回ったからよかったものの、そもそも、この投票結果に法的拘束力はないとはいえ、国の根幹にかかわる政策決定について住民投票が行われること自体、大きな問題をはらんでいると思います。こうしたテーマに果たして住民投票がなじむのか、国会でも議論して整理することが必要なのではないでしょうか。また、外交・安全保障問題は国の専権事項にほかならないのですから、こうした分野に関係する地方自治体の許認可権限についても見直しを行うべきだと考えます。

いずれにせよ、自衛隊配備や在沖米軍といった防衛問題は沖縄だけに関する事柄ではなく、国の存亡に直結する問題です。辺野古移設や今国会の焦点となる集団的自衛権の行使容認を含む安保法制には、〝平和勢力〟を自認する人たちの根強い反対が見られますが、米国が退潮する一方で、中国が台頭する中、抑止力の強化なくして日本の安全は保たれ得ないのです。徳川時代のような一国平和主義ではこの国を危うくするばかりであると知らなくてはなりません。

ＡＩＩＢ構想に警戒せよ（2015年4月24日掲載）

軍備増強を進めるほか、アジアインフラ投資銀行（ＡＩＩＢ）構想など、軍事・経済両面で台頭する中国には、さらなる警戒が必要だと思います。ＡＩＩＢには欧州各国を含む50カ国以上が参加を表明しています。

アジアの旺盛なインフラ需要に対応する必要はもちろんあるでしょうし、アジアの成長を取り込みたい欧州主要国の考えも分からないではありません。

しかしながら、ＡＩＩＢは一言で言って、中国のアジア覇権戦略にほかなりません。海洋進出の強化など、近年、中国による国際秩序への挑戦ともいうべき行動が目につきますが、中国主導の経済圏をつくろうとするＡＩＩＢもこれと軌を一にすると見るべきです。インフラ投資によりアジアの発展に寄与すること自体は否定すべきではないでしょうが、横暴極まる中国の影響力が拡大していくことは、国際社会にとって幸福な未来とはならないでしょう。

「日本も参加すべきだ」との主張もありますが、ＡＩＩＢは、景気減速が続く中国が国外への高速鉄道、原発などのインフラ輸出を通じて景気浮揚《ふよう》を図るための仕掛けと見ることもできます。現段階で、日本が中国の覇権戦略に積極的にくみする必要はないのではないでしょうか。ＡＩＩＢ構想など中国の影響力が拡大する中、日本として、その動きを監視しつつ、日米主導のアジア開発銀行の機能強化はじめ、アジア太平洋地域の繁栄、平和の実現に向けた取り組みを進めるべきです。

「反日」文政権を注視（2017年5月26日掲載）

17年5月、韓国国民の圧倒的な支持を得て、文在寅新政権が発足しました。早速、北朝鮮による新型弾道ミサイルの発射もありましたが、「親北」「反日」とされる大統領の誕生は、北朝鮮の金正恩《キムジョンウン》政権の一層の増長を招くことになるはずです。

日本としては、北朝鮮への軍事行動も排除しないドナルド・トランプ米政権の姿勢を支持するとともに、ロシアとの関係強化も含め、対北圧力の強化に向けた外交努力を展開すべきです。

金正恩氏には、北朝鮮の人民を救うためにも、米国との圧倒的な軍事力の差を潔く認め、核を放棄し、武装解除するよう願いたいところです。

さて、文氏の姿勢は、南北統一による〝反日核武装国家〟成立に道を開きかねない恐れもあります。ファシズムの亡霊が復活し、「反日」を旗印に、民族主義的な愛国心に基づく統一朝鮮が誕生するような事態となれば、日本の安全保障はますます脅かされることになります。

文氏の言動を注視するとともに、国家国民を守り、地域の平和・繁栄を確保するため、日本独自の外交・安保戦略を持つべきです。

【追記】

２０１８年６月12日、シンガポールで米朝会談が開催され、トランプ米大統領と北朝鮮の金正恩朝鮮労働党委員長は、朝鮮半島の完全な非核化を目指すことや、北朝鮮の体制保障等で合意しました。金正恩委員長に開国を選ばせたトランプ大統領の〝勝利〟だったと言えるでしょう。

ところが、非核化のプロセスは遅れています。

２０１９年２月28日には、ベトナムのハノイで２回目の米朝首脳会談が行われました。ここで、米側が寧辺《ねいへん》の核施設や北朝鮮が公表していない核関連施設の査察や廃棄などの非核化に向けた具体的措置を求めたのに対し、金正恩氏が完全非核化前の制裁の全面解除を要求したため、合意には至りませんでした。事実上の交渉決裂と言えるでしょう。予定されていた昼食会が中止となり、次の会合も未定であることなどから推察すると、米国は「完全なる非核化」というゴールポストを動かすことはないことが分かりました。独裁者である金正恩氏はトランプ米大統領を舐めてかかり、外交儀礼の言葉を鵜呑みにし、米国と対等な関係を構築している、と錯覚してしまったようです。

今後、大幅な譲歩の姿勢を見せず、非核化に向けた具体的なプロセスを示さなければ、トランプ米政権は武力行使の選択肢も検討することになるでしょう。

韓国の動きにも、大いに警戒が必要です。2018年10月、韓国のいわゆる元「徴用工」が起こした裁判で、韓国大法院（最高裁）は日本企業に賠償を命じました。しかし戦後賠償問題は、1965年の日韓基本条約に付随する協定で個人賠償も含め、完全かつ最終的に解決されています。また2019年1月には元「徴用工」の裁判を遅らせたという罪で前最高裁長官が逮捕されるなど、韓国は法治国家の体《てい》をなしていないことも明らかになりました。こうした動きの背景には、文在寅大統領が反日を旗印に核武装した統一朝鮮のビジョンを持っており、「日本の自衛隊は恐れるに足らず」との過信があるのだろうと思います。

いずれにせよ、日本は今後の流動的な朝鮮半島の情勢を見据え、主権国家として「自分の国は自分で守る」防衛体制の確立を急ぐとともに、民主主義や自由などの一定の理念のもとで、平和的に統一された南北朝鮮に対してのみ、経済援助を行うなどといった外交スタンスを確立しておく必要があると考えます。

4. 米露との結束を固める

大統領就任前からトランプ氏を高く評価していた（２０１６年11月25日掲載）

安倍晋三首相がトランプ次期米大統領と会談を行いました。会談後、安倍首相は「信頼関係を構築できると確信した」と述べましたが、大統領選において、トランプ氏は在日米軍駐留経費の日本側の負担増を主張、米軍撤退もあり得るなどと示唆しており、日米同盟が不安定なものになるのではと懸念する声もあります。

「アメリカ・ファースト」を訴えるトランプ氏の政策は、日本に変革を求めるものともなり、結果として、日本の自立、成長を促すことにつながるのではないかと思います。

日米同盟をめぐっては、米側にかねてより「安保ただ乗り論」があることも踏まえ、同盟の意義、役割についてトランプ氏に理解を求めながらも、日米安保の双務性を高め、アジア太平洋地域の平和と繁栄を確保すべく、同盟強化を図るべきです。

併せて、中国や北朝鮮の軍事的脅威が高まる中、〝トランプ大統領〟の誕生をきっかけに、日本の安全保障を米国に頼り切る状況から脱却し、自分の国は自分で守るという、当たり前の国家としての体制整備を急がねばなりません。国防の手足を縛る憲法9条の改正は当然のことです。日本への侵略行為を押しとどめるため、抑止力を抜本的に強化すべく、敵基地攻撃能力の保有や、トランプ氏が以前、示唆したような日本の核装備も選択肢から排除すべきではないと考えます。

また、トランプ氏とロシアのプーチン大統領が電話会談を行い、米露両国の関係改善で一致しました。米露の関係が深まることは、中国への牽制にもつながるでしょう。加えて、16年12月のプーチン大統領の訪日で、膠着《こうちゃく》状況にある北方領土問題の進展が期待される中、米露関係の雪解けは日本には追い風になるとの見方もあるだけに、トランプ新政権の外交手腕や政策には注目したいと思います。

「経済成長を加速させ、最強の経済をつくる」というトランプ氏は経済政策として、連邦法人税を35％から15％に引き下げるほか、規制緩和などを主張しています。

トランプ氏は大幅減税による経済活性化、雇用拡大を訴え、年平均3・5％の成長率を達成し、4％へ高めることを表明しています。「小さな政府」を志向したレーガン大統領にトランプ氏をなぞらえる向きもありますが、幸福実現党もその政策の方向性に賛同します。

わが党も「安い税金」「小さな政府」を志向しており、民間の富を政府が税金として召し上げるのではなく、減税や規制緩和により民間の自由を高めることで経済成長を促し、雇用拡大を図ることもできると考えています。

米新政権誕生、日本の繁栄に向けて（2017年1月27日掲載）

大統領就任演説で改めて「アメリカ・ファースト」を強調したトランプ氏に対し、世界は戦々恐々としていますが、わが党の捉え方は異なります。世界に変革をもたらす〝トランプ革命〟を日本の自立の好機とすべきであり、時代の潮流変化を見誤ることなく、対中強硬姿勢を鮮明にする同氏と手を携え、国のかじ取りをしっかりと行えば、日本や地域の安定は確保できると考えます。

また、就任演説で、貿易や税制、移民、外交の決定については、米国の労働者と家族に恩恵をもたらすようにすると明言しましたが、「メキシコ国境の壁建設」など、「アメリカ・ファースト」を公言する同氏がこれまで掲げてきた政策は極めて具体的です。政策の実行に責任を持つ政治が行われるものと期待します。

地域の安全保障において最大のリスク要因は中国の動向です。オバマ政権は経済・軍事両面での中国の台頭を許しましたが、この流れをトランプ氏は覆《くつがえ》そうとしていると言えるでしょう。政権の要職に対中強硬派をあてるなど、同氏は対中圧力を強める考えを示していますが、その姿勢は頼もしく映ります。

トランプ氏を牽制してか、中国は南シナ海で米海軍の無人潜水機を奪取したほか、空母「遼寧《りょうねい》」に台湾海峡を通過させるなどしましたが、今後、米中関係の対立が深まる可能性は否定できません。中国が示威《じい》行為をエスカレートさせ、台湾や尖閣をめぐって不測の事態も生じさせかねないだけに、日本として相応の備えは必要です。

日米新時代を開き地域の安定・繁栄を（2017年2月24日掲載）

先般、トランプ米大統領就任後初の日米首脳会談が開かれました。

日米関係の先行きを懸念する声もありましたが、このたびの会談で、日米同盟および経済関係の強化が確認されたことを歓迎したいと思います。

懸案の安全保障をめぐっては、沖縄県の尖閣諸島について日米安保条約の適用対象であることなどが共同声明で明記されたことは、対中抑止の一環としても評価します。また、トランプ氏が会見で日本による米軍駐留受け入れに謝意を表したことも、国際社会に対する同盟の絆のアピールとして意義が大きかったのではないでしょうか。

さて、首相訪米中に、北朝鮮が日本海に中距離弾道ミサイルを発射しました。これは、事前探知が困難な固体燃料使用による新型ミサイルと見られています。北朝鮮によるミサイル技術の進展は疑うべくもありません。北朝鮮が核ミサイル保有を進め、中国が強大な軍事力を背景に覇権主義にひた走る中、日米同盟の強化が欠かせないことは言うまでもないでしょう。双務性を高め、同盟強化を図るべきです。同時に、米国に依存する安保体制に安住し続けるのは、主権国家として問題も大きいと思います。憲法9条の改正をはじめ、防衛費倍増や装備の強化など防衛力強化を急がねばなりません。

また、中国の海洋進出を受け、数年以内にも南シナ海などで軍事衝突が生じかねないことも想定し、万全の備えを講じるべきです。米国との連携強化などを通じ地域の安定確保に尽力すべきです。

トランプ政権が環太平洋経済連携協定（TPP）離脱を鮮明にしたことを受け、わが党は、変化に即応して通商戦略を見直すよう主張してきたところです。引き続き、柔軟な対応を要請します。また、このたび分野横断的に議論する枠組みを設けることが決まりましたが、経済対話を通じ、日米関係の一層の強化を図るよう政府に求めます。

経済の枠組みでは、自動車産業が焦点の一つとなる見込みです。

トランプ氏は日本の自動車産業もやり玉に挙げていますが、米国で多くの雇用を創出しており、米経済にも貢献しているのが実情です。ビジネスマンとして名高いトランプ氏は、高いボールを投げてよこし、相手の出方を見ながら交渉内容を詰めていくのがお得意のように見られています。日本政府には、しっかりとした外交交渉能力の発揮を期待したいところです。

その一方、米国側に不利な非関税障壁にあたるものがあることも否定できないことから、この際、税制や規制のあり方についても見直すべきだと思います。

経済協力についてはインフラ投資などのテーマも持ち上がっているようです。

もちろんリニア新幹線などのインフラ整備での協力も進めるべきでしょうが、そもそも、米国の輸出増や雇用拡大への協力であれば、大胆な減税や規制緩和など、わが党の唱える「自由からの繁栄」を目指した政策遂行も有効ではないでしょうか。国内の内需振興を図ることで、結果、米国からの輸入増を促し、米経済活性化に寄与することも可能だと思います。

日本も〝国家の気概〟を示すべき（2017年4月14日掲載）

トランプ米政権が、シリアに対してミサイル攻撃を実施しました。

2013年、アサド政権による化学兵器使用があっても、軍事行動に踏み切れなかったオバマ前大統領の〝腰砕け〟ぶりとはまったく異なり、トランプ氏が決断力を見せつけ、新政権として対外関与の積極姿勢を示したとも言えると思います。地球的正義にもかなったものとして、わが党は同氏の決断を支持します。

米中首脳会談の最中の軍事攻撃でしたが、北朝鮮への対処をめぐる、中国への牽制とも見られています。

首脳会談でトランプ氏は、中国に対して北朝鮮問題解決への積極的な関与を求めつつ、米国としての単独行動も示唆したようですが、いずれにせよ、トランプ氏の姿勢は頼もしく映ります。

米新政権発足で国際秩序が揺らぐことを危惧する向きもある中、わが党は「トランプ大統領は強い米国復活を図りながら、世界の安定・平和にも大きな働きをなすはずだ」と考えていましたが、手前味噌ながら、その見立ては正しかったのではないかと思います。

トランプ氏のパリ協定離脱表明は当然（2017年6月23日掲載）

2017年6月1日、トランプ米大統領が、地球温暖化対策の国際的枠組み「パリ協定」からの離脱を表明しました。

米国内外から強い批判の声が上がっていますが、私たち幸福実現党はトランプ氏の決断を支持します。人為的な温室効果ガスの排出が地球の気温上昇の主な原因であるとする仮説には大きな不確実性があります。二酸化炭素（CO_2）を悪玉とみなし、その削減のためにあらゆる政策を総動員する、いわば〝炭素全体主義〟が蔓延する中にあって、私たちは一貫して、現行の地球温暖化政策は抜本的に見直すべきだと訴えてきました。また、パリ協定は国際衡平性《こうへい》（国ごとの事情に配慮した釣り合い）が担保されているとは言い難く、日本にとっては経済成長の大きな阻害要因となることから、米国の脱退などの情勢変化に応じて脱退すべきだと主張してきたところです。

トランプ氏はパリ協定を順守すれば、２０２５年までに２７０万人の雇用が失われ、40年までには国内総生産（ＧＤＰ）で３兆ドルを失うなど、米国に不公平とする一方で、中国などを利すると指摘しましたが、その主張は正鵠を射たものと思います。

パリ協定は途上国も含め、すべての国の温室効果ガス削減への取り組みを定めた枠組みではありますが、実際、各国の削減目標達成の難易度には大きな差があるのが実情です。米国や日本などは「排出量」の基準年比削減率を目標値として掲げるため、経済成長の抑制につながる可能性があります。一方、世界一の温室効果ガス排出国である中国は、「GDPあたり排出量」の基準年比削減率を目標値として定めているため、2030年頃まで排出量を増やし、石炭火力発電所の建設などを推し進めることも可能です。排出削減のための負担の観点から見て、同協定の不公平性は誰の目にも明らかです。

パリ協定からの離脱には3年以上を要するため、米国が親条約である「国連気候変動枠組み条約」から離脱する可能性も取り沙汰されています。いずれにせよ、今回の離脱表明はもとより、トランプ氏はすでにオバマ前大統領が導入した温暖化対策の全面的な見直しを命じた大統領令に署名していることから、米国が経済成長と安全保障を重視した政策にシフトしていくのは確実と見られます。今後、中国とEUが影響力を拡大するであろうパリ協定に日本が残留するならば、その結果、日本だけが大きな制約を課され、国益を大きく損なう危惧があります。

日本政府は米国による離脱表明を「残念だ」などとする声明を出していますし、山本公一環境相（当時）は米国を「説得したい」と述べていますが、政府には、同盟国として米国の外交上の立場を支持するよう求めます。併せて、日本としてもパリ協定からの離脱や削減目標の大幅緩和、さらには同協定を踏まえた「地球温暖化対策計画」の撤回など、産業をしっかりと守り、国益を確保するための政策転換を図るべきだと思います。

エネルギーに関する不合理な規制を撤廃し、日本の経済社会を自由で活力あふれるものにするとともに、エネルギーコスト低減を通じて製造業の国内回帰を促し、雇用の確保と所得増大を図るべきだというのが、わが党の考えです。政府はCO_2の排出に価格づけを行い、その排出削減を促進する「カーボンプライシング」を導入しようとしていますが、これは大型炭素税や国内排出量取引などにつながり、日本経済に悪影響をおよぼしかねないため、わが党は反対であることを付言します。

日露関係強化で中国封じ込めを（2016年12月9日掲載）

2016年5月などの日露首脳会談では、領土問題を含む平和条約交渉をめぐって、安倍首相は〝手応え〟を強調していましたが、ロシアとの関係改善を示唆するトランプ氏の勝利で風向きが変わったことは確かでしょう。日露接近を警戒していた米国の態度が軟化することで、北方領土交渉に追い風となるとの見方もありましたが、欧米による経済制裁が緩和される可能性が出てきたことで、ロシア側にとっての日本の重要感は低下しつつあるのが実情だと思います。ロシアが経済的に困窮する中、経済協力を誘い水に領土問題を動かそうという日本側の思惑は外れつつあるのではないでしょうか。

ロシアと欧米の懸け橋となるような外交を日本は展開すべきだったのであり、日本政府が対ロシア制裁に同調したのがそもそもの間違いだったと言えると思います。ロシアが択捉島《えとろふとう》と国後島《くなしりとう》に地対艦ミサイルを配備するなど、ロシア側の北方領土をめぐる真意は不透明です。

もとよりロシアにとってオホーツク海は、軍事的な要衝《ようしょ》です。核戦略上の拠点であるのはもちろん、中国が海洋進出を図る中、その警戒からも北方領土は重要であるだけに、領土返還をめぐる状況は楽観視できないと思います。

もちろん、北方四島は日本固有の領土にほかなりません。元島民の方々がご高齢となられており、一刻も早い北方領土の返還が望まれています。二島先行返還なども取り沙汰されてきました。しかし、北方領土の日本帰属を前提としつつも、四島の一括返還にこだわらず、領土問題進展に向けた努力を進めるべきだと考えます。

領土問題ばかりでなく、日本にとって、ロシアとの関係強化は、安全保障上も重要であることを忘れてはなりません。北朝鮮による核実験や弾道ミサイル発射、中国の台頭など、アジア太平洋地域の安全保障環境が悪化の一途を辿る中で、国家国民を守り抜くには、日米同盟を強化しながらも、日本に〝自立〟を促す〝トランプ政権〟の動きも見据え、戦略的な外交・防衛の取り組みを進めなければなりません。その際、ロシアとの関係強化による、中国、北朝鮮への牽制を強めるべきだと考えます。

また、資源に乏しい日本にとって、エネルギー確保の面でも日露関係強化が肝要です。シーレーンの不測の事態も想定し、資源調達の多様化を図るべきであり、ロシアとのエネルギー資源外交の積極展開を推進すべきです。

領土問題が解決できなければ、経済協力をロシアに「食い逃げ」されて終わりだとの批判もありますが、そもそも短期的な政策に終始してはなりません。北海道とサハリンを鉄道で結ぶことや、ロシアとの貿易総額の大幅な拡大など、日露双方の発展に資する、中長期の視点に立った協力構想を打ち出すべきだと思います。
領土の返還を目指しつつも、日本にとって最大の外交課題というべき対中牽制を図るべく、領土問題をいったん棚上げしてでも、まずは経済や安保面での日露関係強化、平和条約締結を急ぐべきです。

【追記】

2018年9月、ロシアのウラジオストックで開かれた「東方経済フォーラム」で、プーチン大統領は「前提条件なしで、年内の平和条約の締結」を安倍首相に提案しましたが、その時安倍首相は、「北方領土の帰属問題を解決せずに、平和条約の締結はできない」と断ってしまいました。私なら「そうだ！　やろう！」と間髪《かんぱつ》入れずに応えたかもしれません。ちょうどその場には中国の習近平主席もいて、プーチン大統領と安倍首相のやり取りを、苦虫を嚙み潰したような顔で見ていたからです。

幸福実現党は改めて、「まず日露平和条約を結び、中国を封じ込めること」を主張しました。その後、平和条約締結に向けての交渉が進んでいます。

幸福実現党の外交戦略は目下、「対中国抑止」を念頭に置いたものです。

中国は国際社会の反発を顧みず、強引に人工島の建設と軍事拠点化を進めて米国排除を狙うなど、海洋覇権への動きを強めています。これに対して、米国は海軍力を増強し、恒常的に「航行の自由作戦」を行うなどして中国の覇権的行動を封じ込めるつもりです。今後も、中国対日米の制海権をめぐる争いが予想される中、日露の関係強化は、中国牽制の観点から大きな意味を持つはずです。

一方で、2018年10月、安倍首相は中国を訪問し、「一帯一路」構想への経済協力を約束するなど、日中で米国の経済制裁に対抗する姿勢を見せてしまっています。しかし、チベットやウイグルでの人権蹂躙《じゅうりん》を見ても、今、世界の中で最も危険な国が中国であることは明白です。「日露平和条約」を締結し、「自由・民主・信仰」の価値観を共有する日・米・露の連携を強化し、「一帯一路」構想を挫折させ、中国の軍事予算削減に向かわせることが、日本の国益にかなった外交だと言えるでしょう。

5. 経済成長を目指す

視界不良の日本政治、次の一手は（2013年10月11日掲載）

２０１３年10月１日、安倍晋三首相が14年４月からの消費税率８％への引き上げを表明しましたが、本当に残念です。本欄でも一貫して訴えてきたように、消費増税が招くのは日本経済の沈没にほかなりません。

アベノミクスや２０２０年の東京五輪決定で景気マインドは上向いているとはいえ、賃金も上昇しておらず、景気回復を実感している方はまだまだ少ないのが実情です。大企業に比べ、中小企業の景況感の改善は遅れており、全国を回っていても、「増税されても価格には転嫁できず、このままでは経営が行き詰まる」との切実な悩みに接しています。

日本の国内総生産（ＧＤＰ）の約６割を占めるのは個人消費です。そうでなくても円安や原発稼働停止の影響で電気料金や生活必需品の値上がりが相次ぐ中、消費税率まで上がってしまえば家計負担はかさみ、消費低迷は避けられません。増税で実質的な可処分所得が減り、個人消費が落ち込めば、日本経済全体が大きなダメージを受けることは火を見るよりも明らかです。

首相は増税表明の会見で「増税を行えば、消費は落ち込み、日本経済はデフレと景気低迷の深い谷へと逆戻りしてしまうのではないか。最後の最後まで考え抜いた」などと述べました。増税が苦渋の決断だったのは事実としても、「経済再生と財政健全化は両立し得る」として、経済成長の足かせ以外の何物でもない消費増税に踏み切った責任はあまりに重いと言わざるを得ません。

増税に伴う景気悪化を緩和しようと、企業向け減税などの経済対策を打ち出したところで、そもそも増税で消費マインドが冷え込めば、企業活動への悪影響は避けられないでしょう。

幸福実現党としては、19年10月に予定されている消費税率10％への引き上げに反対を表明するとともに、高付加価値の未来産業の育成や、東京五輪開催を契機としたリニア新幹線の早期開業など交通革命の推進を提言していきたいと考えています。

今後、駆け込み需要が起きても、消費税率が8％となる14年4月1日以降、消費者は一斉に買い控えを始めるはずです。景気悪化の責任を問われ、安倍首相が求心力や指導力を失えば、首相にとって悲願であろう集団的自衛権の行使容認や憲法改正に赤信号がともります。中朝の軍事的脅威が増す中、消費増税は国防面でも日本を危機に陥れかねず、この国の前途には、不透明感が漂っていると言えるのではないでしょうか。

自由を守る税制の確立を（2015年12月25日掲載）

自民、公明の与党が2016年度税制改正大綱《たいこう》を決定しました。焦点の17年4月の消費税の再増税（当時）と同時に導入する軽減税率について、対象品目を酒類、外食を除いた食料品全般とすることなどが決まりました。

連日、与党間で協議が行われ、世間を賑わせた軽減税率ですが、これは選挙目当ての党利党略以外の何物でもないと考えます。財務省とタッグを組んで対象品目の絞り込みを主張する自民党と、拡大を求める公明党との隔たりはかなり大きかったにもかかわらず、官邸の意向が働き、合意に至った背景には、来夏の参院選や、一部で噂される衆参ダブル選などをにらんだ思惑が見て取れます。

食料品の税率を据え置いたことによって、消費税の10％への税率引き上げに対する有権者の批判をかわす狙いがあるのでしょうが、そもそも増税が誤りです。14年

4月の8%への増税で個人消費は落ち込んでいます。こうした中、再増税が実施されてしまえば、消費のさらなる低迷による景気悪化は避けられません。

また、軽減税率は癒着《ゆちゃく》や利権を生む温床《おんしょう》となりかねず、増税の負担感を緩和させたいと言うのなら、やはり増税自体を取りやめるべきだと考えます。

私たちは「自由」を本当に大事な価値だと考えています。増税は国民から自由を奪うばかりであり、税率は低いに越したことはありません。今回、宅配の新聞への軽減税率適用が決まりましたが、そもそも増税に賛成していないこともあり、原則、言論・出版の自由を守る上では賛成です。活字文化を守るという筋を通すのであれば、書籍など出版物にも適用すべきでしょう。

しかし、大手新聞はじめマスコミには、ゆめゆめ政権に利用されないよう注意を促したいところです。政権におもねった報道などが生じるなら、もはや国民の側に立っていない国家権力の一部と言われても仕方ありません。

いずれにせよ、増税は国民から富を収奪する行為であり、吸い上げた税金の再配分を行うという非効率な経済財政運営では、政府の肥大化をもたらし、結果として、経済成長の原動力である民間の活力を削ぐだけだと考えます。

国民の負担を可能な限り軽減し、自由の領域を大きく広げることで、経済成長とその果実である税収増を目指すのが、私たち幸福実現党の経済政策の基本的な考えです。本欄で何度も指摘してきましたが、消費税の再増税の中止はもちろんのこと、むしろ景気回復へ向けて税率を5％に引き下げるべきです。

減税には、「財源はどうするのか」との議論が出てきますが、税収中立に囚われていては、経済活性化のための思い切った手は打てません。

2016年に29・97％に引き下げることが決定した法人減税もしかりです。その財源として、政府は外形標準課税の拡大などで確保する方針です。税の公平性に沿うものではあるのでしょうが、課税強化による赤字企業の負担増や、今後、中小企業へ波及しないかなどが心配されています。

やはり、個人や企業といった民間部門がこの国の活力の源泉であるという当たり前の事実を見逃してはならないのではないでしょうか。歳出の見直しなどを図りつつも、基本的には、大胆な減税を先行し、民間活力の発揮を促すことを通じて経済を活性化させ、税収増を実現すべきだと考えます。

また、官邸サイドが法人税率を予定より前倒しして20％台に引き下げた背景には、アベノミクスの効果が振るわない中、法人税の減税を材料に、経済界に対して設備投資拡大や賃上げを求める狙いがあると見られます。

しかし、これは道理に合いません。「日本の繁栄は絶対に揺らがない」という未来への確信が持ててこそ、企業も設備投資などを増加させることができるというものです。圧力をかけたりするのではなく、民間主導の持続的な成長を可能とする環境整備に尽力するのが政府の役割です。

消費増税やマイナンバー制度など、安倍政権の政策運営は自由の抑圧をもたらすものなので、看過できません。減税や徹底的な規制緩和といった「自由からの繁栄」を目指した政策実施こそが必要なのだと考えます。

マイナンバーはディストピアへの道（2015年9月25日掲載）

15年の第189回国会では、安保関連法が注目されましたが、改正マイナンバー法など国民生活に重要な影響をおよぼす法律も成立しています。

マイナンバー制度とは、国民の利便性向上や行政事務の効率化などをうたい文句に、12桁の個人番号を国民に割りあて、行政機関が社会保障や税、災害対策の3分野で情報を管理するというものです。15年10月の法施行を待たずして、今回の法改正で対象が拡大され、18年から個人の預金口座にも任意で適用されることとなりました。

政府は利用範囲のさらなる拡大を目指していますが、マイナンバーの導入は国民の負担を軽減させるように見えて、その実、ディストピアへの道にほかならないと思います。

まず指摘できるのは、マイナンバーは大増税のための〝装置〟になりかねないということです。早速、財務省は17年4月の消費税率10％への引き上げ（当時。19年に延期）を見据え、消費税の負担軽減策として、マイナンバー利用による還付金制度案を提示しています。

マイナンバー制度の普及に乗じて、財務省は再増税を進めようとしているようですが、そもそも景気悪化をもたらす消費増税は中止すべきであり、税率も5％に引き下げるべきだと私たちは考えています。

また、15年度の骨太方針の策定に至る議論を見ても、政府が将来的にはマイナンバーによる個人の金融資産等の把捉《はそく》を通じ、資産課税の強化をもくろんでいることは明らかです。国家による私有財産の収奪に拍車をかけるような制度の導入、強化は断じて認めるわけにはいきません。

過日、サイバー攻撃により、日本年金機構から多数の個人情報が流出しましたが、マイナンバー制度には情報漏洩の危険性も指摘されています。

年金情報流出には中国の関与が疑われていますが、マイナンバーがサイバー攻撃を受け情報が洩れでもしたら、様々な情報が一元化されるだけに、その被害たるや甚大なものとなるはずです。

また、社会保障番号が共通番号として使われる米国では、他人の番号を悪用した「なりすまし犯罪」が大きな問題となっており、分野別番号への見直しが進められていることも指摘しておきたいと思います。

それ以外にも、マイナンバーの導入には、民間企業が情報管理などに大きな負担を強いられるといった問題点も挙げられます。

いずれにせよ、所得や金融資産から個人の趣味嗜好《しこう》に至るまで、国家が個人のあらゆる情報を把握するような監視社会の到来など御免こうむります。「自由からの繁栄」を目指すわが党として、マイナンバー制度の中止を含めた見直しを求めるものです。

自公ねじれ政権が招く日本の危機（2013年10月25日掲載）

安倍政権は経済界に賃上げを要請しています。

これは、一見、よいことのように思えるかもしれませんが、従業員の賃金を上げるか否かは企業の裁量であり、政府が口出しするというのは、いささか行きすぎではないでしょうか。政府が注力すべきは、企業が賃上げに踏み切れる経済環境をつくるべく、有効な政策を打つことに尽きると思います。

日本社会では「お上《かみ》」の意識が根強いせいか、国が民間活動に過度に介入する、あるいは国が国民の面倒を過度に見るといった社会主義的な考え方と親和性が高いように思います。しかし、これと決別しない限り、さらなる発展は望めないというのが私たちの基本的なスタンスでもあります。

共産党は大企業の内部留保を一部崩し、賃上げするよう訴えています。共産党の立場は、「企業がためこんでいる内部留保を吐き出せ」ということだと思いますが、その思想の背景に、富める者への反感が透けて見えます。大企業や富裕層への課税強化などの政策が、一部有権者の共感を呼ぶところもあるのでしょうが、私たちとしては、思想戦を仕掛けていかなければならないと考えています。

明るい展望が開けなければ、企業も投資や賃上げは決断できないはずです。「日本の繁栄は揺るがない」という未来への確信が持てるような成長戦略こそが重要なのです。

社会主義に〝変質〟したアベノミクス（2014年2月14日掲載）

２０１４年、春闘の労使交渉が始まりました。政府自ら賃上げを求めるという異例の要請に対して、業績が好調な大企業を中心に前向きに取り組む動きも見られます。労組側が経営側からベースアップ（ベア）を含む回答を引き出せるかどうかが焦点となっています。

確かに労働者の平均給与はピーク時の１９９７年の４６７万円から、２０１２年には４０８万円と約60万円も減りました。アベノミクスで上向いた業績を賃上げや設備投資に回し、デフレの脱却と景気の好循環につなげていきたいところでしょう。

菅義偉官房長官も２０１４年２月５日の記者会見で、同日スタートした春闘について「一時金も望ましいが、それよりもやはりベースアップが望ましい」と述べ、賃金水準を一律に引き上げるベアの必要性を強調しています。

しかし、業種や企業規模、地方によって業績はまちまちであり、政府の一律要求は筋違いです。何より、14年4月から消費税率を8％に上げ、さらに翌年10月から10％に上げるのを前提にした（当時）「賃上げ要請」には、まるで首を絞めながら、それでも笑えと言うような〝怖さ〟を感じずにはいられません。消費者物価は上昇し、家計の負担が増し、消費が冷え込み、景気の腰が折れた時、責任を取るのは民間です。

茂木敏充《もてぎとしみつ》経済産業相も7日の参院予算委員会で、大手企業の春闘の結果がまとまる3月中旬以降、企業の賃上げ状況を把握し、東証1部企業については企業名も含めて結果を公表するという考えを示しました。政府による圧力に見えなくもなく、政府の口出しは社会主義国のそれに近づいてきたようです。

賃金は労働の価格でもあります。したがって資本主義の市場経済においては、労働市場の需要と供給によって決まるべきものです。政府が民間経済に介入して、価格の決定に圧力を加えることは、いかなる良心的な動機からであっても経済倫理に外れ、間違った結果をもたらすことを知る必要があります。

資本主義市場経済の最大のポイントは、各個人や企業の経済的活動がそれぞれ自主的な意思決定に基づいて行われることです。何をどれだけ生産し、消費するかは、国民の自由意思です。

政府による介入、統制はよほどの市場の失敗がある非常に限られたケースに限定されなければならないはずです。したがって安倍政権の経済政策は、歴史的にも、理論的にも誤っていることがすでに証明されている社会主義に日本を向かわせようとしているものであると言えるのではないでしょうか。

企業の自主性を尊重した「働き方改革」を（2017年4月14日掲載）

政府が、「働き方改革」の実行計画を決定しました。

若者を使い捨てにするような、いわゆるブラック企業の長時間労働の是正や、マネジメント向上などによる無駄な残業のカットは必要でしょう。ですが、〝長時間労働＝悪〟とする風潮には、違和感を覚えます。政府は〝労働者の味方〟を気取りたいのかもしれませんが、一律的な残業規制などは、労働人口が減少する今、国力を低下させるための仕掛けにもなりかねません。

やはり、規制強化ではなく、企業の自主性を尊重しながら、規制緩和や労働生産性を高めるための手立てを通じて、労使いずれもが納得できる「働き方改革」を模索すべきだと思うのです。労働市場流動化に向け、解雇規制などの検討も避けては通れないでしょう。また、安倍晋三政権は経済活性化に向けて、経済界に賃上げを要請していますが、景気回復の道筋が確固たるものとならない限り、企業も思い切った対応などできないはずです。企業が賃上げを行い得る環境整備に力を尽くすのが、政府の本来の役割のはずだと考えます。

「働く」ことの価値を教えてくれた障がい者雇用（2018年4月27日掲載）

2018年4月、障がい者雇用を積極的に進める企業を訪問しました。障がい者雇用で世界をリードする日本理化学工業とオムロン京都太陽です。

ダストレス・チョークを製造する日本理化学工業は、社員85人のうち63人、75%が知的障がい者、そのうち半数近くが重度障がい者です。神奈川県川崎市の工場では、健常者はサポートのみ、障がい者がラインの責任者となり、1日13万本を目標に生産していました。

ここは1960年、現会長の大山泰弘氏が、障がいのある少女が一生懸命に働く姿に心打たれ、以来「働くことで幸せは手に入る」という人間哲学のもと、障がい者雇用を軸とした経営を続けています。

厚生労働省によると、全国の福祉作業所の工賃は月額平均約1万5295円（就労継続支援B型事業所、2016年度）ですが、ここでは川崎市の最低賃金に連動した給与が支払われています。

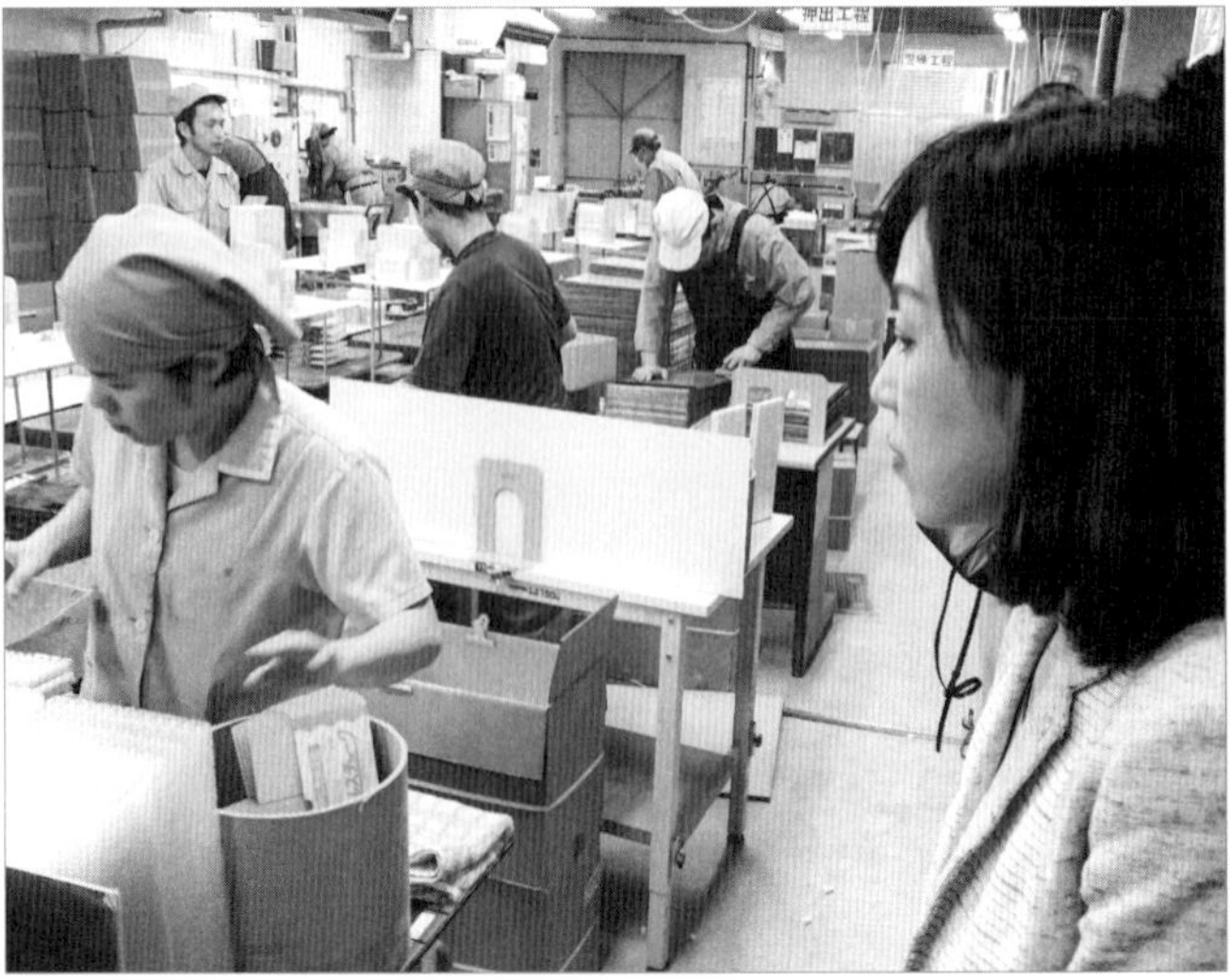

2018年4月、日本理化学工業を視察。

オムロン京都太陽は、重度身体障がい者を中心に雇用しています。オートメーションの機器の部品ラインでは、一人ひとりの障がいに合わせて補助器具を導入し、障がいが不利にならないような環境をつくり出しています。また、右手が不自由な人は左手が不自由な人と一つの工程を分け合うなどして、モノ造りが流れるように進めています。こちらも、徹底した改善運動で初年度からずっと黒字を出し続けてきました。

「No Charity, but a Chance!（保護するより、働く機会を）」をモットーに掲げています。宮地社長によると、「初めて手にした源泉徴収票を机に飾った人がいる」そうです。

現在、国会では「働き方改革法案」が議論されていますが、障がい者雇用の現場に来ると、本当に大切なことは何かを教えられます。

「障害者雇用促進法」により、企業側には一定以上の障がい者を雇用することが義務づけられていますが、納付金を納めることで雇用を避けるケースもあるようです。まずは障がい者に対する正しい理解を推し進め、障がい者雇用に向けた企業間の連携を後押しすることが、幸福な共生社会実現につながることを確信しました。

日本理化学工業に象徴されるように、働くこと自体に価値があるとの哲学から富を生み出していくのが日本型の資本主義の精神だとすれば、中国には文化的に金自体に価値があるという拝金的な精神があるように感じます。昨今、米中間で貿易戦争が激化してきているのも、そうした思想の違いが背景にあるような気がしてなりません。

豊洲移転の遅れは混乱を招くのみ（２０１７年６月23日掲載）

築地市場の移転をめぐり、小池百合子都知事が豊洲に移転するとともに築地を再開発する考えを示しました。

わが党は豊洲への早期移転を求めてきました。安全上、豊洲市場に問題はないにもかかわらず、「法的には安全だが安心とは言えない」として、小池知事は混乱を招いてきました。その判断の誤りにより莫大《ばくだい》なコストや風評被害をもたらした責任を認め、都民や関係者に謝罪すべきです。小池知事の方針は、豊洲と築地への二重投資であり、賛成派、反対派の顔色をうかがった、選挙目当ての対応だとみなさざるを得ません。追加対策による更なる税金の無駄遣いも止めるべきです。「汚染の無害化」という意味のない開場条件は撤回し、豊洲移転を速やかに行うよう強く求めます。

築地開発には民間の知恵を（2017年7月14日掲載）

豊洲に移転するとともに、築地を再開発し市場機能を持たせるとする知事の案は、賛成派と反対派の双方に配慮した玉虫色の政策にほかなりません。小池知事は土壌汚染問題をめぐる懸念から移転を延期し、混迷を招いてきましたが、閉鎖された空間にある豊洲は安全です。移転延期に何ら合理性はありませんし、これ以上の追加対策も不要です。

築地は売却し、民間の力による再開発を進めるべきです。築地を売却しないとなると、豊洲整備に要した約６０００億円のうち、企業債など４０００億円余りが返せません。数百億円にもおよぶ豊洲への追加対策費用に加え、築地の再開発費や借金返済にも都民の血税が使われる恐れがあります。

一日も早く豊洲に移転し、豊洲ブランドを世界にＰＲすることに力を注ぐべきです。さらに「公設民営」市場にするなど、民間の知恵を市場経営に取り入れ、将来的には民営化を推し進めていくべきだと考えます。

【追記】

平成の30年間は、日本経済にとっては厳しい時代になりました。欧米諸国がGDPを着実に増やしていく中、日本だけがゼロ成長のままで取り残されています。これまで述べてきたように、度重なる消費増税や民間の活力を奪う「社会主義政策」がマイナスの影響を与えていることは間違いありませんが、加えて、十年後、二十年後に向けた、新たな国家ビジョンを示せなかったことも大きな要因だと思います。

例えば、民主党政権時代の「2位じゃダメなんですか？」発言は的外れの愚問だとしても、日本は人口減少社会に入っているのだから、GDPの大きさだけで豊かさを判断するのではなく、国民一人あたりのGDPが増えることを目指せばよいという主張もあります。

しかし、日本の経済力も含めた国力が弱まることは、日本の防衛力が弱まることを意味するとともに、東アジアのパワーバランスを崩し、中国の台頭を許してしまうことを忘れてはいけないと思います。

大川隆法総裁は、立党した2009年の段階から3％以上の経済成長を目指せと訴えており（『夢のある国へ——幸福維新』など）、わが党でも公約に掲げてきました。当時は、リーマン・ショック後のマイナス成長で苦しんでいたために「現実離れしている」と批判されたりしましたが、その後は多くの政党が追随して、経済成長を公約に入れるようになりました。今では経済成長が必要であることは常識になっています。

日本はもう一度、アジアの平和に貢献する大国としての国家ビジョンを掲げ、国力倍増、十倍増を目指すべきだと考えます。

6. 地震や水害から復興を果たす

国の針路を誤ってはならない（2015年3月27日掲載）

未曽有の災害となった東日本大震災の発生から4年。復興は道半ばで、今なお約23万人もの方々が避難生活を強いられているのが実情です。

2015年3月、福島県のいわき市、南相馬市を視察してきました。常磐《じょうばん》自動車道が全線開通するなど復旧は一部で進んだとはいえ、原発事故からの本格的な復興はこれからです。福島県では、未だ約12万人の方々が避難生活を余儀なくされていますが、帰還が進まない要因としては、雇用確保や生活インフラの整備といった課題のほかに、放射線への過度の恐怖心を挙げることができるでしょう。これを助長したのが、11年秋に当時の民主党政権が打ち出した「追加被曝《ばく》線量年間1ミリシーベルト以下」という長期的な除染目標です。

そもそも年間100ミリシーベルト以下の被曝による健康への影響は疫学的には認められていません。しかし、「1ミリシーベルト以下」という数値が「安全か否か」を峻別する基準として一人歩きし、帰還を逡巡させる足かせとなっているのです。

放射線に対する過度の不安の払拭なくして、福島の復興はありません。政府には正しい知識の周知を強く求めるとともに、私たち幸福実現党としても、啓蒙に努めたいと思います。

復旧・復興に向けた15年度までの集中復興期間の総事業費は約26兆円。岩手と宮城、福島の被災3県にはさらに8兆円が必要との試算もあります。しかし、復興予算の使途については様々な批判が見られます。

復興に向け、政府として16年度から5年間の新たな枠組みを夏までに策定するようですが、被災自治体の負担も含め、財源をどう手当てするのかという問題が発生しています。もちろん、インフラ整備など復興に必要な事業は積極的に行っていくべきです。

しかし会計検査院の調査によれば、11～13年度までの間に計上された25兆円の復興予算のうち、5兆円が国庫に残されるなど、9兆円もの予算が使われておらず、執行率の低さが判明しています。

かねて復興対策と関連のない事業

2018年5月、九州電力川内原発を視察。

への流用なども指摘されていますが、復興予算については、大胆な見直しが必要です。調査の上、不必要な事業は停止するとともに、被災地における思い切った減税措置の財源にあててはどうかと考えます。また、財源の一つである復興特別所得税など復興増税の前倒し廃止も検討されてしかるべきでしょう。

福島第1原発事故を受け原発が稼働できない状態が続いていますが、九州電力の川内《せんだい》原発と関西電力の高浜原発について、原子力規制委員会が新規制基準に適合すると判断し、運転再開のめどが立ちつつあります。

原発が稼働できない中、火力発電の燃料の輸入増などを受け、一日あたり100億円もの国富が海外に流出し続けています。電気料金は家庭向けが2割、企業向けは3割も上昇していますが、政府は原発の再稼働に全力を上げて取り組むべきです。

火力発電への過度の依存は、経済面のみならず、安全保障上も極めてリスクが高いと言わざるを得ません。仮にシーレーンを中国に抑えられるような事態となれば、わが国は干上がってしまい、まさに生殺与奪《せいさつよだつ》の権を握られてしまいかねないことにも注意を払うべきです。また、原発を稼働させること自体が、中国や北朝鮮に対する潜在的な核抑止力として機能していることも見逃してはなりません。

原発事故を受け、原子炉の運転が原則40年とされたことで、このたび5基の廃炉が決まりました。

新増設を行うことなく廃炉を進めていけば、原発は減る一方となり、エネルギーの安定供給は危うくなりかねません。日本の持続的発展を可能とするため、政府は新増設の方針を鮮明にすべきです。また、40年ルールの妥当性には疑義があることから、その見直しも図るべきだと思います。

原発ゼロを唱える元首相もいますが、エネルギー政策は国家の存立そのものに直結します。現在、政府では30年の最適な電源構成（ベストミックス）を検討していますが、安倍政権には原発の早期再稼働と併せて、日本の未来を過たない判断を願うものです。

小泉氏が訴える「原発即ゼロ」は幻想（2013年11月22日掲載）

脱原発を訴える小泉純一郎元首相による会見が波紋を呼びました。

もともとは原発推進論者だった小泉氏ですが、8月にフィンランドの高レベル放射性廃棄物最終処分場「オンカロ」を視察し、無害化するまでに10万年以上かかると聞き、原発ゼロしかないと確信を深めたとのことです。

反原発を掲げる共産党はじめ、野党各党は色めき立っているようですが、本人は新党結成といった展開までは想定していないようです。とはいえ、〝政策より政局〟の小泉氏だけに、その真意は不明です。

小泉氏はかつての郵政民営化の成功体験が頭にあるのかもしれませんが、原発容認の立場を守旧派に見立て、「脱原発vs.原発推進」を政治的対立軸として演出しようとの意図があるのだとしたら、とんでもない話です。

安倍首相はトルコなどに、原発のトップセールスを展開していますが、これは大いに進めるべきです。新興国の旺盛なエネルギー需要を賄《まかな》うには、原発によるエネルギー供給が必要不可欠です。こうした中、脱原発により日本から原子力技術が失われれば、その担い手は中国などに移ることになりかねません。中国産の原発で安全性が担保されるのか疑問ですし、やはり日本が世界一安全な原発モデルを提供し、指導力を発揮することが世界の要請と考えるべきでしょう。

小泉氏が懸念する高レベル放射性廃棄物の最終処分については、地下３００メートル以下に埋設する地層処分が基本方針とされていますが、地域住民の理解を得るのが難しいことから処分場が選定されておらず、これまで〝原発は見切り発車〟などと非難されてきました。政府は今回の小泉氏の動きをむしろ奇貨《きか》とし、処分場の選定を含め、廃棄物処理の仕組みづくりに本腰を入れるべきでしょう。

わが党としては、使用済み核燃料の減量のためにも、高速増殖炉の実用化も含め、核燃料サイクル政策を維持、推進すべきだと考えます。

アベノミクスにより回復途上にあるわが国経済にとって、原発停止は消費増税とともに足かせ以外の何物でもありません。

現在、火力発電所がフル稼働していますが、これにより追加燃料費として年間3・6兆円もの国富が国外に流出。貿易赤字が定着しています。燃料費がかさめば電気料金にはね返り、家計の負担は重くなり、企業のコスト競争力は低下します。皆さまの生活や日本経済を守るためには、原発再稼働が急務であることは言うまでもありません。

原発再稼働となると、福島の汚染水の問題が取り沙汰されていますが、メディアが放射線の恐怖を煽り立てたことで、被災地の復興自体が遅れている面は見逃せません。福島では放射線による犠牲者は一人も出ておらず、原発事故による年間被曝量も発がんリスクが上昇するとされる100ミリシーベルトにはおよびません。つまり、福島の放射能は健康被害が起きないレベルだと言えますし、問題の汚染水にしても、専門家は海洋汚染、ひいては健康被害をもたらす可能性は考えにくいと指摘しています。

もちろん新エネルギーの研究開発などは進めるべきですが、国民生活や産業・雇用を守るには、今後も原子力の活用による電力の安定供給は欠かせません。実際、脱原発で再生可能エネルギーへの転換を図るドイツでは、電気料金の高騰《こうとう》を招き、国民負担は増大しています。

小泉氏は会見で安倍首相に対し、原発ゼロにかじを切るよう要望しましたが、小泉氏の論は、日本経済への影響などは度外視したファンタジーのようなものです。「原発ゼロという方針を政治が出せば、必ず知恵のある人が、いい案を作ってくれる」という発言に至っては、首相在任中、国民受けするスローガンを示す一方、具体策は担当大臣などに〝丸投げ〟した小泉政治そのものと言ってよいでしょう。

しかし、エネルギー政策は国家の根幹にかかわる問題であり、小泉氏の手がけた郵政民営化などよりはるかに重要な事柄です。安倍首相には国の方針を誤ることなく、責任ある判断を強く求めるものです。

【追記】

度重なる大地震や火山噴火、豪雨災害など、まさかこんなに災害の多い時代が訪れるとは、誰が想像したでしょうか。幸福実現党も有志を募り、被災地でボランティアに参加したり、義援金をお届けしたりしてきましたが、胸の潰れるような思いでいっぱいになります。

地震や津波は「自然現象だ」と言うこともできるでしょう。しかし日本では古来、「人心の乱れや政治の混乱」に応じて起きるとされます。儒教では、為政者が徳を失い、悪政を行うと、天が自然災害を起こして警告するという「災異説」があります。仏教でも「法華経《ほけきょう》」や「金光明経《こんこうみょうきょう》」などの経典で、仏法を蔑《ないがし》ろにすると天災などのあらゆる災厄が起きると説かれています。

しかも、復興を名目にした増税を国民に押しつけるとは……。大川隆法総裁も「3・11の大震災で無力感に打ちひしがれ、思考力を麻痺《まひ》させられている従順な国民の良心にだまし打ちをかけ、長期増税を押しつけるなど、地獄の悪魔も尻尾を巻いて逃げ出す所業だ」（『もしケインズなら日本経済をどうするか』まえがきより）と厳しく指摘されました。

民主党から自民党に政権は戻りましたが、2016年4月、麻生財務大臣は「リーマン・ショックか東日本大震災並みのことが起きないかぎり、消費増税は予定どおり行う」と発言し、その数日後に、熊本で地震が起きたこともありました。

同年6月1日に、安倍首相は、消費増税の再延期を表明したのですが、仁徳天皇の「かまどの話」に象徴される〝本来の政治のあり方〟から大きくかけ離れていると言えます。

幸福実現党は、災害対策としては、防災強化に向けて積極的な未来投資を行うとともに、自助・共助・公助の連携によって地域の防災力を強化します。また、「復興増税」をやめ「復興減税」によって、災害があった地域の復興を強力に後押しする施策を進めます。

本書の冒頭でも触れたように、政治が乱れていても、人々は「どこにも言う先がない」のが現状です。幸福実現党は、その受け皿となるべく、お一人おひとりの声に耳を傾け、仕事をしていかなければならないと気を引き締めております。

あとがき

本書をお読みくださった皆さまに、心の底より感謝申し上げます。

幸福実現党は、創立者である大川隆法総裁が、不惜身命《ふしゃくしんみょう》の心で立ち上げ、天上界の息吹《いぶき》を吹き込んで創られた奇跡の政党です。

２００９年の立党以降、矢継《やつ》ぎ早《ばや》に説かれた法話と、全国各地を巡錫《じゅんしゃく》（※仏が教えを説きながら巡ること）しながらの講演会や街頭演説の内容一つひとつが、そのまま政党のテキストになるという「離れ業《わざ》」で、党の理念や政策が固まっていきました。「新・日本国憲法 試案」に至っては立党間もない09年6月15日の夜、1時間で書き下ろされたという「秘話」もあります。

そして今でも、天が割れたかのように、思想の雨が降り注いでいます。

「思想」は強い力を持ちます。

偉大なる思想には、人間を向上させずにはおかないエネルギーがありますが、間違った思想は、まるで川の上流から毒を流したかのような影響力で国や世界を汚染してしまいます。

1848年にマルクスが出した「共産党宣言」は、唯物論と暴力革命を肯定し、マルクス主義を受け容《い》れた国はどこも〝地上の地獄〟になりました。共産主義国全体で、推計1億人が殺されています。

中でも、中国建国の父・毛沢東は、大躍進政策の失敗と、文化大革命による粛清《しゅくせい》で、5000万人以上もの犠牲者を出したと言われています。地上で最も人殺しをした「地球最大級の悪魔」です。

2009年4月30日、大川隆法総裁はマルクスの向こうをはって、『幸福実現党宣言』を説かれました。

「幸福実現党宣言」は、「神仏の存在を認め、正しい仏法真理を信じる人々の力を結集して、地上に、現実的ユートピアを建設する運動を起こす。そして、その政治運動を、日本を起点として起こしつつも、万国の人々にもまた波及させていく。正しい意味での世界同時革命を起こすつもりである」という宣言です。

『幸福実現党宣言』より

そして今、完全監視の全体主義国・中国の14億人を、「自由・民主・信仰」の価値観で解放せんとされています。〝悪魔のつくった宗教〟である共産主義と戦い、神格化された毛沢東の虚像を打ち砕ける思想家が世界のどこにいるでしょうか。そして幸福実現党も、人類を不幸にする一切の政治的な勢力と決別し、対決して、その真理に基づいた政治を実現する、唯一無二の政党です。

いつ光が見えるとも知れぬトンネル工事のように見えますが、山を打ち抜いてトンネルが通れば、それまで無駄だと思われた努力が、すべて「光」に変わります。「未来をかけた戦い」に、ともに立ち上がろうではありませんか。

この場をお借りして、この本を上梓《じょうし》するにあたり、「フジサンケイビジネスアイ」および「夕刊フジ」の皆さま、読者の皆さま、原稿整理・出版などでご協力くださったすべての皆さまに御礼申し上げます。本当にありがとうございました。

そして、本書の発刊をお許しくださいました幸福実現党の父・大川隆法総裁先生に、心より感謝申し上げます。

２０１９年３月５日　幸福実現党　党首　釈量子

著＝**釈量子**（しゃく・りょうこ）

幸福実現党党首。1969年11月10日生まれ、東京都小平市出身。國學院大學文学部史学科卒業後、大手家庭紙メーカー勤務を経て、幸福の科学に入局。学生局長、青年局長、常務理事などを歴任し、幸福実現党に入党。2013年7月に党首に就任。現在、月刊「ザ・リバティ」で「釈量子の志士奮迅」、月刊「アー・ユー・ハッピー?」で「釈量子の東奔西走！」、フジサンケイビジネスアイで「太陽の昇る国へ」、夕刊フジで「いざ！ 幸福維新」を連載中。著書に、『命を懸ける』『太陽の昇る国』（幸福実現党刊）、『勝手にモージョ相談処』（青林堂刊）、共著書に、『いい国つくろう、ニッポン！』（幸福実現党刊）などがある。

未来をかけた戦い

2019年3月20日　初版第1刷

著　者　釈量子

発行者　佐藤直史

発行所　幸福の科学出版株式会社
〒107-0052 東京都港区赤坂2丁目10番14号
TEL（03）5573-7700
https://www.irhpress.co.jp/

印刷・製本　株式会社 研文社

落丁・乱丁本はおとりかえいたします

ISBN: 978-4-8233-0069-1 C0030

大川隆法ベストセラーズ・日本と世界の未来を考える

青銅の法

人類のルーツに目覚め、愛に生きる

限りある人生のなかで、永遠の真理をつかむ──。地球の起源と未来、宇宙の神秘、そして「愛」の持つ力を明かした、待望の法シリーズ最新刊。

2,000円

毛沢東の霊言

中国覇権主義、暗黒の原点を探る

言論統制、覇権拡大、人民虐殺──、中国共産主義の根幹に隠された恐るべき真実とは。中国建国の父・毛沢東の虚像を打ち砕く必読の一書。

1,400円

日露平和条約がつくる新・世界秩序 プーチン大統領守護霊緊急メッセージ

なぜ、プーチンは条約締結を提言したのか。中国や北朝鮮の核の脅威、北方領土問題の解決と条件、日本の選ぶべき未来とは──。【幸福実現党刊】

1,400円

幸福実現党宣言

この国の未来をデザインする

政治と宗教の真なる関係、「日本国憲法」を改正すべき理由など、日本が世界を牽引するために必要な、国家運営のあるべき姿を指し示す。

1,600円

※表示価格は本体価格（税別）です。

幸福実現党シリーズ

猛女対談
腹をくくって国を守れ

大川隆法　著

国の未来を背負い、国師と幸福実現党の釈量子が語りあった対談集。凛々しく、潔く、美しく花開かんとする、女性政治家の卵の覚悟が明かされる。【幸福実現党刊】

1,300円

いい国つくろう、
ニッポン！

大川紫央　釈量子　共著

幸福の科学総裁補佐と幸福実現党党首が、「日本をどんな国にしていきたいか」を赤裸々トーク。日本と世界の問題が見えてくる「女子対談」。【幸福実現党刊】

1,300円

命を懸ける

幸福を実現する政治

釈量子　著

アベノミクス、国防問題、教育改革……なぜこれらに限界が見えてきたのか。この真実を知れば、幸福実現党が戦い続ける理由が分かる。【幸福実現党刊】

1,100円

一緒に考えよう！ 沖縄

ロバート・D・エルドリッヂ
釈量子　共著

在沖海兵隊元幹部と幸福実現党党首が、日本と沖縄の未来を語り合う。「在日海兵隊」「反基地運動」「沖縄返還」などの視点から、沖縄問題の本質に迫る。【幸福実現党刊】

1,204円